峨眉学

（第一辑）

峨眉山市峨眉学研究会 编

四川大学出版社
SICHUAN UNIVERSITY PRESS

项目策划：何　静
责任编辑：何　静
责任校对：周　颖
封面设计：墨创文化
责任印制：王　炜

图书在版编目（CIP）数据

峨眉学．第一辑 / 峨眉山市峨眉学研究会编．— 成都：四川大学出版社，2021.11
ISBN 978-7-5690-4088-3

Ⅰ．①峨…　Ⅱ．①峨…　Ⅲ．①峨眉山市—地方史—文集②地方文化—文化史—峨眉山市—文集　Ⅳ．①K297.14-53

中国版本图书馆 CIP 数据核字（2021）第 000731 号

书名　峨眉学（第一辑）

编　　者	峨眉山市峨眉学研究会
出　　版	四川大学出版社
地　　址	成都市一环路南一段 24 号（610065）
发　　行	四川大学出版社
书　　号	ISBN 978-7-5690-4088-3
印前制作	四川胜翔数码印务设计有限公司
印　　刷	成都东江印务有限公司
成品尺寸	170mm×240mm
印　　张	13.5
字　　数	220 千字
版　　次	2021 年 11 月第 1 版
印　　次	2021 年 11 月第 1 次印刷
定　　价	68.00 元

◆ 读者邮购本书，请与本社发行科联系。
电话：(028)85408408/(028)85401670/
(028)86408023　邮政编码：610065
◆ 本社图书如有印装质量问题，请寄回出版社调换。
◆ 网址：http://press.scu.edu.cn

四川大学出版社
微信公众号

《峨眉学》编委会

目　录

卷　首

特　稿

百家坛

论道场

名人堂

卷首

创建峨眉学：应时顺势之盛举

陈廷湘

文化强国是中华民族伟大复兴的重要途径之一。在全面建成社会主义现代化强国的战略被提上日程后，强化中国文化自信心，扩大中华文化在世界的影响力已成为中华民族为提高中国软实力而奋斗的现实目标。为实现这一伟大目标，更深入、更全面地发掘中华文化资源，弘扬中华文化优秀传统，展现中华文化特殊魅力的研究正以丰富多彩的形式在全国范围内蓬勃开展。中华文化作为多元一体的大国文化，由各民族和地区的文化共同构成，要实现文化强国的伟大目标，不仅必须从整体上对中华文化进行深入研究，而且必须对各民族和各地区富有特色的文化做全面研究。因此，近年来，区域文化研究应运而生。创建峨眉学无疑是应时顺势之举。

一、峨眉学的定义

以地区为某种学问命名是中华文化悠久的传统，曾在宋代蔚成风气，形成了关学、洛学、闵学、湖湘学、江西之学、浙东之学等。宋代的关、洛、闵、湖湘、江西、浙东各学实际是各个学派的学术。简而言之，关学崇奉张载所创之理学，以“太虚之气”为宇宙本原和道德本体，派生人与万物及其存在意义。洛学以河南程颢、程颐兄弟所创之理学为主流，以“天理”为宇宙本原和道德本体，派生人和万物及其存在意义。闵学为朱子之学，朱熹为洛学集大成者，其学亦自成一派。湖湘学由胡宏奠基。胡宏深发理学性本体论，强调“天命之谓性”，以性为“天地之大本”。理学以天理禀赋于人为性，胡宏更加强调“性”为天地大本和道德本体，自成理学一脉。江西之学由陆九渊兄弟奠基，在本体论上与理学无二，但在修为方式上反对朱熹格物致知、穷理尽性以成圣的复杂程序，主张直指本心，复明天理，以至圣者。浙东之学以陈亮、叶适为代表，反对理学、心学专注阐发儒学大义和道德修养，强调事功实务，故又称为浙东事功学派或功利学派。以上各学皆指学派之学问体系，而非现代意义上的学科体系。一个学派的学问有其理论基础和展开内容，但相对于现代学科又比较单一，只是一个或一些创始人在某一领域建构有一定创见的学术体系。认同这一学术体系基本理论的学者群形成一个学派，在一定历史时期，于双向选择原则下培养一些人才，形成代有传人的学术传承。《宋元学案》即详细地记录了各个学派的传承体系。

现代学科则是相对独立的知识体系，高等学校的学科由国家根据现行教育体制创设。每一学科也有相应的理论基础，同时有学制规定的研究对象及知识体系。一组学科构成的大学科的知识体系成为培养一类专业人才的专业基础知识。诸如历史学、人类学、社会学、经济学等学科均由相关多层次小学科构成。按中国现行的学制，上述宋代形成的关学、洛学、湖湘学等只是历史学大学科门类下中国史一级学科之下中国古代史二级学科所属中国古代思想史的部分内容。

峨眉学以地方命名，但它既不是宋代关学、洛学一类学派之学，也非现代学科之学，而是盛行于当代的地区性学术。较之于全国性学科，地区性学术涉及的地理范围相对较小，但覆盖的学科门类却十分广阔，有的甚至不亚于全国性学科。在当代中国，地区性学术最具盛名者当属徽州学（简称徽学）、藏学和敦煌学。徽学以徽州文化为研究对象，研究徽州（今安徽黄山市、绩溪县及江西婺源县）社会、经济、文化、思想、艺术、科技、工艺等。其研究内容包罗万象，全国性乃至世界性的学科之学，凡徽州范围内存在者，都在其视域之内。徽学不仅研究众多学科之学术源流和丰富内容，更要研究各学科之学所具有之徽州特色。藏学和敦煌学的特点与徽学相似，但重点更为突出。藏学的研究范围涉及社会历史、哲学宗教、语言文字、文学艺术、医药历算、风土民俗，以及藏族聚居区在现代化过程中出现的理论问题和实践问题等广博的内容，但重点显然在研究藏族的历史与特色鲜明的藏文化。敦煌学研究莫高窟藏经洞出土的写本文献、石窟、壁画、汉简乃至周边地域出土的古代文献和遗存的古代文物，但重点在研究敦煌莫高窟所藏文献与文物。峨眉学也是涵盖社会、经济、文化、思想、科技等广泛领域的地区性学术体系。凡属今峨眉山市范围的历史、宗教、文学、风俗、地质、生物及当代社会经济发展等都属峨眉学研究对象，但重点和特色是有关峨眉山的历史文化研究。秀甲天下的峨眉山作为四大佛教名山是峨眉山市得以成市成名的根据，而峨眉山市所辖广大地区又是孕育传播峨眉山历史文化的热土。只有以峨眉山历史文化为重心，同时广泛涉猎峨眉地区的历史与现实研究，峨眉学才能形成特点鲜明，有广泛影响力和吸引力，内涵深厚、外延博大的地方学体系。

二、创建峨眉学的基础

地方学都以地方历史文化和现实经济社会为研究基础。任何一个地方都有历史、有文化、有人民生活、有经济社会发展，都值得研究，也都有一定的研究价值。但是，只有那些存在鲜明特点且有影响力的客观学术资源之区域才有创建地方学的必要。因为只有那些令学界闻之心动、思之向往的地区才可能引起广泛关注，并投身其中，最终成就一种有相当影响的地方之学。峨眉学覆盖区域有影响及于全球的世界文化与自然双遗产峨眉山自然文化名胜，有四大佛教名山之一的峨眉山佛教圣地，这是自然和历史为创建峨眉学奠定的得天独厚的基础。

其一，悠久厚重的历史。峨眉山地区以峨眉山而得名，峨眉山是有悠久历史的中国名山之一。西汉扬雄所著《蜀都赋》已直接使用“峨眉”这一概念，说明当时“峨眉山”已是广为人知的名山。其名流传不绝，不断被文化名人引入历史名著。西晋左思《蜀都赋》不仅有“带二江之双流，抗峨眉之重阻”之句，西晋刘逵注之曰：“峨眉，山名也。”北魏地理学家郦道元所著地理学名著《水经注》亦对峨眉山有专门记述，谓其“去成都千里”，“两山相对如峨眉”。从记述内容看，郦道元似未亲赴峨眉考察，而是据听闻所记。这更能说明峨眉山已声名广播，以至郦道元这样严谨的地理学家尽管未曾亲考峨眉之地，也要把峨眉山载入其力作《水经注》。唐宋以降，文人墨客更是争相吟诗填词，长咏峨眉。加之佛教徒入山建寺讲经，创立门派，与峨眉形胜交相辉映，使得峨眉山历史之涵蕴在千载悠悠中愈发丰盈博大。

与此相应，峨眉学关涉的地域之历史亦颇为久远。此地早在隋初已置县。史称隋开皇十三年（593）始置绥山县，县城初建时虽为土城，但结构完整，与中国古代其他城池无异。县城在历史上多次毁于火灾，幸均得以复修，重为县之治所，相因千年而不绝。1983 年还曾再次启用绥山镇之名。在漫长的历史上，峨眉山地区形成了浩繁的史迹文踪。

其二，恢宏博大的佛教文化。佛教为世界三大宗教之一，自东汉传入中国后，在逐步中国化的过程中得以迅速传播。在唐代大诗人杜牧诗中，佛教在南北朝时期已有“南朝四百八十寺，多少楼台烟雨中”之盛。诗中“四百八十寺”实是言多，而非实数。据清人刘世琦考证，南朝梁代已有 2846 座寺庙，仅当时的南京就有七百多座寺庙。到唐宋之时，佛教繁盛，一度有压倒儒家的势头，以致韩愈、朱熹等在儒释之争中感到巨大压力。但儒释之争仅是学派之争，并非中外宗教文化之争，佛教中国化后实已成为与儒道并存的中国文化之重要组成部分。在中国地位如此重要的佛教文化中，峨眉山与山西五台山、浙江普陀山、安徽九华山并称中国四大佛教名山。

佛教何时传入峨眉山尚有争议，但两晋时期佛教徒进入峨眉山传道已有较为明确的记载，当时即建有普贤寺。此后，经历代演变，峨眉山逐渐成为普贤道场。普贤菩萨与观音、文殊、地藏菩萨同为佛教四大菩萨。地藏菩萨大愿不移，文殊菩萨大智广慧，观音菩萨大慈大悲，普贤菩萨大行普度，全面体现了佛教修行之要。峨眉山是普贤菩萨的显圣之处，也是其传扬践行佛教要旨及普度众生之愿的根本道场，清初被公认为佛教四大道场之一。峨眉山之为佛教圣地，名望之崇高、地位之显耀，与五台山、普陀山、九华山比肩，为世界瞩目。

其三，名扬天下的蜀川形胜。史上有“峨眉天下秀，青城天下幽，剑门天下险，三峡天下雄”之说。四胜同誉出自何人何时尚不可考，但“峨眉天下秀”出自文化名人代有史载。民国时期志书有记，“峨眉天下秀”之说首次见于南宋大理学家魏了翁笔下。明代诗人周洪谟又有“三峨之秀甲天下”之句。近现代著名教育家黄炎培游峨眉山后道，“峨眉天下秀，的确，的确”，对峨眉山的雄奇秀美赞叹不已。无须赘述，峨眉山为秀甲天下的著名形胜可谓古今传扬，相因不绝。

峨眉山、青城山、剑门关等名胜尽管地处四川，但绝非地方性形胜，而是享誉全国、闻名世界；也不是单一观光之所，而是具有丰富文化遗存与精神内蕴的风景文化名胜。峨眉山更是动植物种类众多、文化底蕴深厚，1996年被联合国列入世界文化与自然双遗产目录，正式被认定为世界级文化与自然名胜。

峨眉山及峨眉山地区有丰富的自然、社会和文化资源，但上述三项最为重要。其历史之悠久在国内屈指可数，佛教文化之圣地与秀甲天下之名胜已为创建峨眉学奠定了坚实的基础。

三、峨眉学的研究对象

峨眉学属于区域学，而区域学具有小而全的特点：范围相对较小，但所涉学科往往十分齐全。峨眉山及峨眉山地区发生和存在的一切，政治、经济、思想、社会、文化、地理、科技等都需要研究。按照内容集中、重点突出且利于研究的原则，峨眉学可划分为六大领域。

（一）峨眉史学

峨眉山和以峨眉山命名的政区均有悠久的历史。峨眉山于西汉成帝时被汉赋名家扬雄写入《蜀都赋》而成为广为人知的名山，至今已有近两千年历史。峨眉山地区于隋开皇十三年（593）置县，亦已历一千五百余载。时光流转千古，造就了极为宏富的峨眉史迹。其间有佛教禅宗普贤一派入山创设道场，传播大行之道，阐扬普度经纶。后世入山佛众大增，高僧云集，门派林立，盛极一时，成就了峨眉山中国四大佛教名山之地位。古时亦有道教门徒进山修炼，兴建宫观，采药炼丹，峨眉山被称为道门之仙山。

佛道而外，历代著名文人墨客，诸如扬雄、李白、苏轼、郦道元等，或游历峨眉，或歌咏峨眉，或书述峨眉，相续不绝，遗存的史迹丰富耀目。

近代以来，峨眉山及峨眉山地区更是发生了许多重大历史事件，尤其是抗日战争时期，峨眉山留存了众多关系中国和世界大事的史迹。1939年，在日军对四川的空中轰炸达到高峰时，蒋介石及随行人员回到1935年曾住过的峨眉山官邸办公。在某种意义上，峨眉山成为当时国民政府指挥抗战的中心。

抗战时期，在东部地区高校西迁大潮中，西南重要学府四川大学亦迁往峨眉山，在此建校办学近四年。川大师生在极其艰苦的条件下，潜心学术研究和教学，取得了许多重要成果。在国民政府教育部支持下，川大在峨眉山期间创办了文史研究所、化学研究所等新机构，著名植物分类学家方文培主持编成《峨眉植物图志》。数学系的专题研究也培养了一批锐意进取之才。川大迁峨办学也是为避日机轰炸，因而亦是战时高校迁移办学的组成部分。抗战时期高校内迁洪流是中国抗日战争史册上恢宏的一页，川大迁峨办学自然亦是峨眉山地区抗战史上值得大书的篇章。

在抗战期间，峨眉山地区还有一件重大历史事件值得永远铭记，那就是故宫文物南迁入藏峨眉。在抗日战争的艰难时期，国立北平故宫博物院一万多箱珍贵文物，为避战火被迫南迁，经历了一场历时十余年、辗转颠沛逾万里的艰苦卓绝的文化长征。在故宫人和迁藏地社会各界的努力下，这批承载着数千年中华文明历史记忆的瑰宝，最终无一损毁，完整保存，这不仅是中国人民在第二次世界大战期间保护民族文化遗产的伟大壮举，也是中华民族对人类文化遗产保护所做的不可磨灭的贡献。这其中的7286箱文物从1939年5月至1946年9月迁藏峨眉近八年时间，峨眉人民与故宫人齐心协力、风雨同舟、共克时艰、典守国宝，谱写了故宫文物南迁壮歌中不可或缺的华丽篇章。这是峨眉历史上保护和传承中华民族文化遗产的重大事件。

中华人民共和国成立后，峨眉山和峨眉山地区与全国各地一样经历了曲折前进与高速发展，创造了更加辉煌的成绩。其中，峨眉山地区政府把握重大发展机遇，善于利用特殊资源，把峨眉山及周围区域打造成为世界知名的旅游景区，取得世界文化与自然双遗产称号，建构了旅游经济发展高地、亮点，取得了巨大成就。

两千年历史演进，两千年文明发展，峨眉山和峨眉山地区留存了特殊的辉煌的历史。这给史学研究留下了取之不尽的资源，是史学家可以世代耕耘之地。

（二）峨眉佛学

峨眉佛学为广义的佛学，不仅指峨眉佛教的思想理论学说，而且包括佛教在峨眉山传道的史迹、高僧大德的活动与事迹、教派发展及其相互关系、寺院建设与演变等。史载晋初已有僧人上峨眉山，但山中尚无寺院，如何传道尚不可知。据传直到晋隆安三年（399），高僧慧持得官府支持上山建寺，佛教才正式开始在峨眉山传播。寺名普贤，内供普贤之像，峨眉山成为普贤道场。按今人解释，普贤、文殊、观音、地藏为中国佛教“四大士”，或称“四大菩萨”。四大士以四大名山为根本道场，形成了中国佛教四大菩萨的根本信仰。佛教《华严经》讲论华藏世界，华藏世界描绘者即普贤。华严宗四祖澄观有言：“理若无行，理终不显；依体起行，行必称体；由行证理，理无行外之理；由理显行，行无理外之行。”（《三圣圆融观门》）简而言之，佛理必须通过行来表现，行必须依理而得正。因此，理不能离开行，行亦不能离开理。普贤为华严祖师，在佛学中强调修行必须理行统一，因此被称为“大行”一脉。峨眉山即因普贤道场而成为中国四大佛教名山之一，华严思想如何在峨眉山传播并形成地方特色，其中的解释、争论等，显然值得研究。

唐宋之际，佛教大盛于峨眉山。自此，峨眉山高僧云集，徒众广聚，声势日隆。唐代有西禅、白水、灵寂、慧通等高僧入峨弘道；宋代有茂真、别峰禅师兴隆名山；明代有宝昙、广济、德心、福登、别传诸禅师入山广修寺院，名扬朝野；清代有元亨、明正禅师得朝廷恩赐。宋太宗、宋宁宗，明太祖、明神宗，清圣祖（康熙帝）、清穆宗（同治帝）等曾先后向峨眉山寺院赐匾，诏见高僧并赐号（诗文），以彰其事其人。民国时期，受世界潮流影响，峨眉山佛教界成立“中国佛教会四川峨眉山支会”，并创办峨眉山佛学院。

1956年，“峨眉山佛教协会”成立，其正副会长皆为峨眉县政协委员。千年流光，峨眉山佛教日益兴隆，数十座著名寺院遍布于崇山峻岭之间，香烟如织，梵音不绝，留下了世代相续的辉煌史迹。这也是学界深耕不尽的文化宝藏。

此外，峨眉山还有道教经久传播之丰富史事，但相较于佛教，规模与影响较小。

（三）峨眉文学

峨眉山作为四大佛教名山，秀甲天下的自然文化名胜，千百年来吸引了大批文人墨客游历咏唱，遗存了大量的诗文佳品。著名诗人如李白、杜甫、苏轼均有咏吟峨眉诗词存世。

李白《峨眉山月歌》唱：

峨眉山月半轮秋，影入平羌江水流。
夜发清溪向三峡，思君不见下渝州。

黄庭坚《因六祖举太和山语而成颂贵此话大行》咏：

峨眉山中老，千颂自成集。
持问太和山，鹘臭当风立。

苏轼《雪斋》吟：

君不见峨眉山西雪千里，北望成都如井底。
春风百日吹不消，五月行人如冻蚁。
纷纷市人争夺中，谁信言公似赞公。
人间热恼无处洗，故向西斋作雪峰。
我梦扁舟适吴越，长廊静院灯如月。
开门不见人与牛，惟见空庭满山雪。

李白、黄庭坚、苏东坡为唐宋时期诗词名家，他们吟咏峨眉名胜之作远不止于此，其他文人所遗诗、词、赋、游记、书、柬、题记更是不计其数。范成大著有《峨眉山行纪》，近人黄炎培有题名《峨眉天下秀》之游记。如此等等，不一而足。咏述峨眉山的众多文学作品出自皇帝、高僧、文人学者等，他们境遇殊异，各抒情怀，各有所寄。文学研究，空间广阔，大有可为。

（四）峨眉地理学

峨眉山地处四川盆地，土壤、气候非常利于动植物生存。峨眉山动植物种类繁多，现查明有动物 2300 种，其中列为国家保护的 29 种，以峨眉山为模式产地的 157 种，是重要的动物宝库。峨眉山植物种类更多，共 5000 多种，其中高等植物 242 科，3200 多种，首批列为国家保护的植物 31 种，是世界重要的植物宝库。因此，峨眉山植物受到植物学界的高度重视，早在 1927 年，英国皇家学会会员、荷兰皇家学会会员方文培教授就赴峨眉山考察，首次发现了两种中国特产属木瓜红和冷箭竹。1939 年，四川大学迁往峨眉山地区办学，方文培教授利用课余和假期，带领学生进山调查植物，经四年艰苦工作，确定峨眉山有植物种类 3000 种以上，并选出峨眉山特有的珍贵植物 200 多种，编写成《峨眉山植物图志》两卷四册。书稿用中英文写成，是第一本对峨眉山植物种类作出科学概括的专书。该书出版后受到李约瑟的高度评价。方文培教授也因此书奠定了他在世界植物学界的地位。现在，峨眉山仍然是四川大学生物学院师生进行植物学研究的重要基地。峨眉山有药用植物 1655 种，占四川省的 52.1％，全国的 18.5％。在 2019 年 11 月举办的第二届四川（乐山）中医药博览会上，评选出的“乐山十大道地中药材”黄连、姜黄、石斛、佛手、川牛膝、天麻、干姜、泽泻、黄檗、虫白蜡中，黄连、川牛膝、天麻、泽泻、黄檗、虫白蜡六种中药材的主产地均在峨眉山。峨眉山可依托丰富的中药材资源和深厚的中药材文化底蕴，打造中药材产业示范基地，发展保健养生、健康养老服务。

上述事实表明峨眉山是世界级植物宝库、国家级动物宝库，这决定了峨眉生物学尤其是植物学具有世界影响力，其发展前途不可限量。

（五）峨眉武学

名列华夏三大武术流派之一的峨眉武术历史悠久，源远流长。战国时期，司徒玄空仿峨眉山猿创编了武术套路“峨眉通臂猿”，这是有史记载的中华武术第一人。司徒玄空还创编了“猿公剑法”。

汉魏时期道教已传入峨眉山，道家通过“吐纳、导引、坐忘、心斋、守一”等修炼方法，达到“天、地、人合一”，以形成人体内的真气。这种“气功”后来融合于武术之中，成为峨眉武术的一部分。

隋末唐初，少林高僧云昙入峨眉山，在峨眉武术的基础上融入了外家拳法与功法。僧人以此拳法为基础，结合佛教修习观禅之法，吸收了道家的养生功和民间狩猎攻防技艺，融会贯通，形成了新的武术流派，峨眉“僧门”派武功由此开创。

南宋建炎元年（1127），峨眉山金顶白云禅师运用道家、医家之阴阳虚实、人体盛衰的机理，结合僧门武术中的动静功法，经过多年琢磨，创编“峨眉气功”，又称“峨眉十二庄”。又有德源长老集僧道武术之精华，结合自己的练功体会，编撰成《峨眉拳》一书。此时，峨眉武术已有了较系统的理论基础和实践经验。

明代，峨眉武术更强调武术与气功的结合。所谓“练功不练拳，登峰难上难；练拳不练功，老来一场空”。明右佥都御史、代凤阳巡抚唐顺之（1507—1560）曾来峨眉山观看一道人的武术表演，写下了《峨眉道人拳歌》。这是目前峨眉武术文献中最为确切的史料。

明吴殳著《手臂录》云：“西蜀峨眉山普恩禅师，祖家白眉，遇异人授以枪法，立机空室，练习二载，一旦悟彻，遂造神化，遍游四方，莫与并驾。枪法一十八扎，十二倒手，攻守兼施，破诸武艺。”枪法中包括治心、治身、宜静、宜动、攻守、审势、形势、戒谨、倒手、扎法、破诸器、身手法等技法。“峨眉武术”自此成为中国武术中的一大流派。

明末清初，峨眉武术的拳种流派已大有发展，峨眉山白龙洞湛然法师著《峨眉拳谱》一书，把峨眉派武术概括为：“一树开五花，五花八叶扶。皎皎峨眉月，光辉满江湖。”“五花”指拳派流传的地域；“八叶”指“僧、岳、赵、杜、洪、化、字、会”八个门派。各个门派都有自己的特点，传人遍及国内外。

到了民国年间，名噪武坛的李瑛大师是精通峨眉武术的佼佼者；清音阁的李真法师内功深厚，剑术高明，有“峨眉剑仙”之誉；金顶永晖和尚1936年曾在成都少城公园参加擂台比武，获得金章。

中华人民共和国成立后，武术作为优秀的民族遗产被继承下来。20世纪80年代国家体委对中华武术进行了挖掘整理。峨眉剑、峨眉拳、峨眉内功等又成了体育锻炼的热门。四川一些地区相继开办了“峨眉武术馆”“峨眉武术培训基地”等，公开招徒传艺。中国道教峨眉剑派第二十三代传人方宗骅编著了一部《中华峨眉内功》。

峨眉武术因其起源早，拳术种类多，文化内涵丰富，充分体现了古老、精深、丰厚的巴蜀文化而成为中华武术三大流派之一。

传承、丰富峨眉武术，将其发展为充满生机的文化产业，对发展地方经济和文化无疑有着积极的意义。

（六）峨眉旅游学

峨眉山为四大佛教名山之一，秀甲天下的名胜，又是世界文化与自然双遗产，是世界知名的旅游目的地。

佛教僧众和道教人士在峨眉山游历传道，既是古代旅游的旅行者，也是峨眉旅游胜地的创造者。他们建成的数十座寺院气势宏伟，建筑艺术精湛，成为峨眉山旅游文化的标志。历代高士、著名文人游历峨眉山，写下了大量诗词、游记等佳作名篇。他们既是峨眉山的旅游者，更是峨眉山旅游文化的创造者。

中华人民共和国成立后，特别是改革开放以来，在党和政府的领导下，峨眉山按照现代文化政策受到精心保护，也依循现代旅游经济发展理念与科学管理方法被不断重塑。不仅旅游经济高速发展，而且作为世界文化与自然双遗产，峨眉山旅游目的地生态和文化遗存也得到了更好的保护，日益显示出其社会价值和经济价值。

峨眉山旅游尽管已取得辉煌成就，但峨眉山旅游目的地的价值是不可限量的，相关问题亦是不断发展变化的。峨眉山旅游的自然与文化资源保护需要不断优化，也需要不断地进行科学开发利用，这就需要旅游学界不断加强对峨眉山旅游的研究。峨眉山旅游学需以发展促进学术研究，以学术研究提升发展。

峨眉学作为一种地区性综合学术类型，基础颇为深厚，对象十分清晰，重点也十分明确。地区学的目标只能根据地区的特殊性确定。峨眉学所涵盖的峨眉山和峨眉山地区具有不言而喻的特殊性。根据这一特性，峨眉学研究的目标应有以下三个方面。

第一，深入发掘峨眉山历史文化资源，尤其是峨眉山的佛教文化与古今文学资源，阐扬其精神内蕴，展现其丰富的思想光芒和艺术精华。以丰富的研究成果向全国和全世界展示峨眉文化的魅力，为提高中国文化在世界的话语权和中华民族的文化自信做出贡献。

第二，通过深入研究进一步发掘峨眉山和峨眉山地区的旅游经济资源，全面展现峨眉旅游经济的发展面貌，揭示其发展规律，总结历史经验，为进一步探索峨眉山旅游的自然资源与文化资源的保护与开发利用关系的优化之途，不断提升峨眉旅游的社会和经济效应提供深厚的学术依凭。

第三，深入研究峨眉山地区社会主义现代化建设的进程，总结取得的成就和存在的问题，探寻新时代峨眉山地区中国特色社会主义建设的特点、趋向、路径和经济社会发展的新增长点，为峨眉山地区阔步迈向新时代、新高度提供学术参照。因此，峨眉学的发展方向是理论科学与应用科学的统一体，既要为多学科学术发展做出贡献，又要为经济社会发展提供学术支撑。沿着这一发展路径，峨眉学必将成为新的、卓有成就的地方学。

陈廷湘：四川大学历史学教授，历史学博士，博士生导师。四川大学中国西南文献研究中心主任，中国现代史学会副会长，峨眉学研究会顾问。出版《宋代理学家的义利观》《天下·世界·国家——中国近代对外部世界认识史论》《晚清民国政府应对民众运动史论》《中国新文化思想史纲》等学术专著十多部。在《中国社会科学》《历史研究》《近代史研究》《中国史研究》等刊物发表学术论文70多篇。先后主持国家社科基金重大项目，国家社科基金年度项目，教育部、四川省课题12项。国家社会科学基金重大项目“清代巴县衙门档案整理与研究”首席专家。

特稿

峨眉学的提出及构建

杨振之　李　静

摘　要：峨眉学是以大峨眉山为研究对象的学科，时间上自震旦纪至今，已跨越亿万年；空间上以峨眉山为标志的古嘉州地区为主体，覆盖今乐山、雅安和眉山等地。博采地质、生物、宗教、历史、文学、民俗等百家之长构建的峨眉学，将揭示自然演变规律，探索人地共生奥秘，探求东方智慧真谛。在挖掘大峨眉山学术内涵，构建研学旅行产品和课程体系，教育游人的同时，实现地域文化的保护、传承和利用。

关键词：峨眉山　峨眉学　构建

我们为什么要提峨眉学？峨眉学的内涵和外延是什么？构建峨眉学的意义是什么？如何构建这一学科？这些问题都值得从学术上探究和思考。对特定地域进行研究并构建一门学科是学术界的传统，国外如埃及学、南极学，国内如长城学、敦煌学等。学科一旦成立，全球瞩目，学术成果因此走出象牙塔，为世人所接受、转化、应用，并最终造福于人类。

对峨眉山的关注自古就有，但将其作为热门的学术研究对象则自近代始。19 世纪中叶，欧洲传教士、动植物学家大量进入峨眉山地区，新物种不断被发现，峨眉山国际知名度剧增。到 1917 年，英、美、法、加等十四国驻华人士于新开寺一带陆续建成别墅 13 幢，并设“峨眉学会”[①]，各个领域的大师纷至沓来。抗战时期，故宫文物和四川大学迁入峨眉山，峨眉山迅速成为国内外学术研究的热点地区。新中国成立后，以峨眉山生物学、地质学为核心的各类研究快速发展，形成并出版了大量系统性的研究成果。1978 年以来，旅游发展的促进，加之西南交通大学、成都理工大学等一批著名院校迁入峨眉山或在此设立实习基地，峨眉山地质、生物、历史、宗教、国学、民俗研究进入大繁荣时期。与学术研究繁荣形成鲜明对比的是，大部分研究成果仍然深藏在象牙塔里，转化利用不足，没有实现应有的价值。2018 年，我们在面对峨眉山市的一次项目规划汇报中提出，应以学以致用的思想和海纳百川的气魄，博采百家之长，构建峨眉学体系，从而促进以峨眉山为核心的乐山乃至巴蜀地区文旅融合发展。

一、峨眉学的概念

峨眉学是以大峨眉山为研究对象的学科，时间上自震旦纪至今，已跨越亿万年；空间上以峨眉山为标志的古嘉州地区为主体，覆盖今乐山、雅安和眉山等地。它具有三大鲜明特征。一是研究对象，世界文化与自然双遗产是峨眉山区别于敦煌、长城的显著标志，峨眉学应以此为标志突出学科特性，其研究内容理应包含以峨眉地质生物为核心的自然以及以宗教为核心的文化两部分。二是时间外延，峨眉山地质构造特殊，是国际地质学研究的热点，其最古老的山体形成于震旦纪（距今 6.20 亿年～5.42 亿年），被称为“震旦第一山”；其古生物化石最早出现在震旦纪地层中[②]，是生物演化进程的开始，人类文明的起源和文化的昌盛尚在其后。三是空间外延，峨眉山之所以成为天下名山，其山地自然物质条件本身起到了基础性作用，但是，起决定性作用的应是其所根植的古嘉州地区社会经济文化背景。因此，峨眉学的研究范围不能仅仅局限于峨眉山本身，而应当将其所在的古嘉州地区纳入研究范围。

二、峨眉学的意义

（一）揭示自然演化规律

1. 地壳演变

峨眉山是四川盆地边缘的高山（3099 米），特殊的构造抬升使得其地层最大限度地露出，峨眉山因此拥有自震旦纪以来，除中－晚奥陶世、志留纪、石炭纪以外所有的地层，记录着超过 8 亿年的地质历史[3]。它不仅具有典型的地质剖面[4]，又有 U 型谷[5]、深切峡谷等多样的现代地貌，形成内容丰富、种类齐全、特色鲜明的地质遗产，是理想的地质研究目标。中外学者运用现代地质学方法研究峨眉山，揭示了地壳板块运动、地表层构造、地表外力作用等地表演变规律，以及地幔柱[6]的形成、地磁场[7]的成因等地球内部运动规律。

2. 生物进化

峨眉山地层中富含大量的生物化石，对古生物学研究具有重大意义。第四纪冰川时期，峨眉山气候相对温和，成为第三纪生物的避难所，大量古老的孑遗物种因此被保留下来，如珙桐、桫椤[8]等。今天，峨眉山 2600 米的相对高差，从山麓到山顶分布着亚热带、暖温带、中温带、亚寒带四种气候，以及常绿阔叶林、常绿与落叶混交林、针阔叶混交林、寒温性针叶林等不同的生态系统。在不同的生态系统下，生存着不同的生物群落，如种子植物[9]、鸟类[10]、兽类[11]等。利用化石学、古生物学、现代生物学的方法研究峨眉山在不同地质时期、不同气候环境下的生境系统，可以揭示物竞天择、适者生存的生物进化规律。

（二）探索人地共生奥秘

1. 人山共生

峨眉山的发展历史分为三个时期，分别是 19 世纪中叶以前宗教为主的发展时期，19 世纪中叶至 1978 年科研为主的发展时期，以及 1978 年以来旅游为主的发展时期。无论是峨眉山的宗教、科研和旅游，都体现了人与山的共生关系，如依山就势的建筑，蜿蜒曲折的山道，师法自然的武术，管理有序的茶田，人与动物的互动，自然灾害的检测与治理，等等。峨眉学通过研究峨眉山的发展历史，探索人山共生关系，为人类开发利用山地提供理论和实践支撑。

2. 人地共生

古嘉州是三江汇流之地，汉代以来，古人秉承道法自然、因势利导的治水思想，在古嘉州地区陆续建成了通济堰、蟆颐堰、江公堰、东风渠、龙门堰、石匣堰等一批水利工程。这些水利工程造就了古嘉州地区的沃野千里，汇聚了天府之国的富庶风物，最终为峨眉山名扬天下奠定了物质基础。峨眉学研究古嘉州历史文化，其终极目标就是研究生产力变迁规律，为处理当前人地关系提供历史参考。

（三）探求峨眉智慧真谛

1. 普贤大行大愿

峨眉山是佛教四大名山之一，是普贤菩萨的道场，而普贤菩萨是佛教大行大愿的精神象征。修道能否成功悟得诸法实相，关键在于“行”，故而作为大行代表的普贤菩萨在佛教信仰中具有核心地位。[12]峨眉山的僧侣在念经礼佛的同时，种茶以自给，习武以强身，悬壶以济世，从而达到践行大愿、服务信众的目的。峨眉学研究以普贤信仰为核心的宗教文化，就是探索大行大愿、践行真理的佛学思想，就是探索知行合一的东方哲学。

2. 世俗生活智慧

古嘉州经过岷江、大渡河、青衣江三大水系的滋养，文化昌盛，名人辈出，先后出现了“三苏”“三李”及郭沫若等惊才绝艳的著名人物。他们共同推动了文化在古嘉州地区的传播，使人民大众在生产生活中提高了审美能力，提升了生活品质，并对古嘉州饮食、医药、手工艺、建筑、文学等产生了深远影响。峨眉学研究就是研究古嘉州文化，探寻世俗世界的生活智慧和生活美学。

三、峨眉学的构建

以海纳百川的气魄，博采诸子百家之长，构建峨眉学研究框架，是峨眉学初创阶段的核心任务。峨眉山是世界文化与自然双遗产，峨眉学理应涵盖自然峨眉学和文化峨眉学两方面，自然峨眉学包含峨眉地质学和峨眉生物学，文化峨眉学包含峨眉宗教学、峨眉历史学、峨眉文学和峨眉民俗学等。

（一）自然峨眉学

自然峨眉学是峨眉学研究的核心内容之一，是区别于长城学、敦煌学等的显著标志。根据目前学术界的研究进展，自然峨眉学主要包含峨眉地质学和峨眉生物学/生态学两部分。

1. 峨眉地质学

19 世纪中叶以来，地质学家对峨眉山地区的地质情况进行了大量翔实的研究，内容涵盖峨眉地层学、沉积学[13]、化石学、构造学、地球内部动力学等方面，特别是峨眉山玄武岩，作为揭示地幔柱和地磁场成因的关键证据，是近二十年来国际地质学研究的焦点。

表 1　近二十年来峨眉山地质研究论文数量统计表

单位：篇

引擎	关键词	2000—2005 年	2006—2009 年	2010—2014 年	2015—2019 年
Science Direct	Emeishan，Geology	12	60	106	117
SPRINGER	Emeishan，Earth Sciences Geology	28	131	143	207
CNKI	峨眉山，地质	47	76	101	96

2. 峨眉生物学

峨眉山生物资源异常丰富，历来为国际动植物学界所重视。自 1888 年首次发表以峨眉山为模式产地命名的植物以来，中外学者先后发现源自峨眉山的动植物 410 种（其中植物 253 种，动物 157 种），包括珙桐、桫椤、枯叶蛱蝶[14]、峨眉白鹇[15]、峨眉含笑[16]等，其中以“峨眉”冠名的动植物有 243 种。随着研究的深入，新中国成立后，物种发现或发表已越来越少，研究方向已经转向某类、某种动植物的深度研究，如对被子植物、鸟类等的研究，特别是关于大熊猫的研究，成为近二十年来国际研究热点。

表 2　近二十年来峨眉生物学研究论文数量统计表

单位：篇

引擎	关键词	2000—2005 年	2006—2009 年	2010—2014 年	2015—2019 年
Scholar google	Emeishan, Species, Life Sciences	19	24	28	15
SPRINGER	Emeishan, Life Science	3	9	12	14
CNKI	峨眉山，植物，生物药学	52	54	57	66

（二）文化峨眉学

峨眉文化脱胎于古嘉州文化，研究文化峨眉学不应孤立地研究峨眉山的文化，还需要研究成就峨眉山的古嘉州的历史文化背景。按照这个原则构建的文化峨眉学，不仅应包含峨眉山本身的宗教，还应该包含滋养峨眉山的古嘉州的历史学、文学和民俗等文化。

1. 峨眉宗教学

峨眉宗教的发展曲折复杂。最初的宗教活动应是民间儒家祭祀，仙道缀其后，佛教随之，以天主教最晚，其中影响最大的是佛、道二教。[17]学术界对峨眉宗教的研究主要集中在佛教和道教，涵盖了佛道两教的发展历史、普贤菩萨信仰的形成与发展，以及相关的建筑、音乐、武术、茶等艺术生活内容。

表 3　近二十年来峨眉宗教学研究论文及专著统计表

单位：篇/部

引　擎	关键词	2000—2005 年	2006—2009 年	2010—2014 年	2015—2019 年
CNKI	峨眉山，佛教	28	29	87	31
	普贤	9	74	110	42
	乐山大佛	9	98	101	84
	峨眉山，道教	1	12	8	2

2. 峨眉历史学

峨眉山的发展史是与古嘉州的发展史紧密相连的，峨眉山是在古嘉州的文化背景下逐渐演变成普贤道场和天下名山的，研究峨眉山的历史就必须研究古嘉州的历史。古嘉州的历史名人植根于古嘉州的土壤，推动了古嘉州的历史发展，进而推动了峨眉山的发展。从这个意义上，不应孤立地研究峨眉山历史，而应一并研究古嘉州发展史及古嘉州名人。眉山古称眉州，因峨眉山而得名，历史上在较长时期内曾与乐山、峨眉同属嘉州；眉山三苏父子创立的蜀学流派，在北宋时期就是显学，并影响至今，理应成为峨眉学的一部分。乐山郭沫若是中国现代史上一位杰出的诗人、作家和史学大师[18]，对郭沫若的研究已经成为一门独立学科。

表 4　近二十年来峨眉历史学研究论文及专著统计表

单位：篇/部

引擎	关键词	2000—2005 年	2006—2009 年	2010—2014 年	2015—2019 年
CNKI	峨眉山，历史	5	40	43	34
	乐山，历史	13	118	82	27
	郭沫若，历史	53	324	549	294
	苏轼，历史	41	219	425	453

3. 峨眉文学

古往今来，无数文人墨客到访或路过峨眉山，留下了 346 首诗歌、32 篇词赋和游记、113 幅楹联、近百幅书画，其中不乏李白、杜甫、岑参、苏轼、文徵明、张大千、徐悲鸿、郭沫若、黄炎培等大家名作。古嘉州三苏父子、“三李”等文豪的作品也有数千篇之多。峨眉文学不仅包含赞美峨眉山的文学文艺作品，还应涵盖对包括三苏父子、“三李”及郭沫若在内的嘉州文豪的作品的赏析与评论。

表 5 近二十年来峨眉文学研究论文及专著统计表

单位：篇/部

引擎	关键词	2000—2005 年	2006—2009 年	2010—2014 年	2015—2019 年
CNKI	峨眉山，文学	2	7	22	20
	郭沫若，文学	63	413	655	474
	苏轼，文学	81	686	1071	1140

4. 峨眉民俗学

千百年来，生活在古嘉州的人民在生产生活中形成了大量独特的建筑、美食、武术、医药、服饰、美术以及风土习俗等文化现象，这些文化现象支撑和推动着峨眉山的发展。对古嘉州民俗文化的研究和整理也将成为峨眉学中最具实践价值的内容。

表 6 近二十年来峨眉山民俗文化研究论文及专著统计表

单位：篇/部

引擎	关键词	2000—2005 年	2006—2009 年	2010—2014 年	2015—2019 年
CNKI	峨眉，民俗	1	0	1	3
	乐山，民俗	2	4	4	14
	眉山，民俗	1	0	6	3
	雅安，民俗	0	3	4	7

四、结语

博采地质、生物、宗教、历史、文学、民俗等百家之长构建的峨眉学，是一门博大精深的学科，加强对峨眉学的研究，将揭示自然演变规律，探索人地共生奥秘，探求东方智慧真谛。我们提出峨眉学的初衷，并不是为了追溯前人的研究成果而止步于概念本身，而是希望在文旅融合的背景下，从促进地方文化旅游发展的角度，挖掘前人研究成果的学术内涵，以世界研学旅行组织落户乐山为契机，构建研学旅行产品和课程体系，在教育游人的同时实现地域文化的保护和传承。

注释：

①峨眉山志编纂委员会：《峨眉山志》，四川科学技术出版社，1996年。

②陈孟莪：《四川峨眉麦地坪剖面震旦系——寒武系界线的新认识及有关化石群的记述》，《地质科学》，1982年第3期，第253－262页。

③刘仲兰、李江海、姜佳奇等：《四川峨眉山地质遗迹及其地学意义》，《北京：地球科学进展》，2015年第6期，第691－699页。

④杨暹和、陈远德、李善姬等：《四川峨眉麦地坪剖面前寒武系和寒武系界线的划分与对比》，《中国地质科学院天津地质矿产研究所文集》，1981年。

⑤骆祥君：《四川峨眉山净水谷底冰川遗迹极其意义》，《第四纪研究》，1991年第1期，第38－43页。

⑥Ali J R，Fitton J G，Herzberg C. *Emeishan large igneous province* (*SW China*) *and the mantle-plume up-doming hypothesis*. Journal of the Geological Society，2010，167 (5)：953－959.

⑦Loper D E，McCartney K. *Mantle plumes and the periodicity of magnetic field reversals*. Geophysical Research Letters，1986，13 (13)：1525－1528.

⑧刘鎏秋：《乐山地区桫椤分布及生境初探》，《西南农业大学学报》，1987年第1期，第102－106页。

⑨王清、廖学圆、刘守江等：《峨眉山种子植物的垂直分布研究》，《安徽林业科技》，2018年第3期，第7－12页。

⑩郑作新、谭耀匡、梁中宇等：《四川峨眉山鸟类极其垂直分布研究》，《动物学报》，1963年第2期，第317－335页。

⑪陈顺德、张琪、陈贵英等：《峨眉山夏季小型兽类垂直空间生态位的初步研究》，《兽类学报》，2016年第2期，第248－254页。

⑫张子开：《普贤信仰及大乘普贤形象的演化》，《西南民族大学学报》(人文社会科学版)，2010年第7期，第57－65页。

⑬Lu Yuanfa，Huang Huiqiong，Ye Zhiliang. *Chemical stratigraphy and sedimentary geochemistry of middle and lower series of Triassic in Longmendong，Emei，Sichuan*. Bulletin of the Chengdu Institute of Geology and Mineral Resources，the Chinese Academy of Geological Sciences，1986：95－108.

⑭周成理、史军义、易传辉等：《枯叶蛱蝶 Kallima inachus 的生物学研究》，《四川动

物》，2005年第4期，第7—12页。

⑮郑作新、张俊范、唐瑞昌：《四川白鹇的一新亚种——峨眉白鹇》，《动物分类学报》，1964年第2期，第221—226页。

⑯Marie Neprašová，Miroslav Rozsíval. АМЯТИ ПРОФ. ВАЦЛАВА Д ОЛЕЙШК. Czechoslovak Journal of Physics，1955，Vol. 5（1）：115—115.

⑰干树德：《峨眉山普贤道场的形成》，《文史知识》，1993年第6期，第83—86页。

⑱曹剑等：《公正评价郭沫若》，中央党校出版社，1999年。

杨振之：四川大学旅游学院教授，世界研学旅游组织执行主席，全国区域旅游开发专业委员会轮值会长，中国旅游协会地学旅游分会副会长，峨眉学研究会顾问。研究方向为旅游规划、城乡规划、景区规划、景区管理与目的地营销等。当前研究内容主要为旅游社区获益、低碳旅游与旅游碳足迹、气候变迁对旅游的影响，以及从哲学的角度探讨旅游问题。代表性研究成果有专著16部、研究论文70余篇。

李静：助理研究员，成都来也旅游发展股份有限公司部门经理。长期从事文化旅游规划及相关研究工作，主要研究方向为旅游地产与康养度假、研学旅行、旅游功能区。参与旅游规划项目30余个，发表研究论文及其他成果20余篇。

百家坛

峨眉山佛教在中国佛教中的地位与作用

黄夏年

摘　要：峨眉山位于四川西部，是佛教圣地之一。每年前去朝山和旅行的人络绎不绝，因之有着重要影响。峨眉山与佛教有着甚深的因缘，山因佛教而扬名，佛教赖山而传播，两者相互依存，享誉世界。本文拟从历史文化和人文地理等方面讨论峨眉山佛教及其文化，试图阐述其在中国佛教中的历史地位和作用。

关键词：峨眉山佛教　中国佛教　地位

一

峨眉山是我国西南地区的众山之一，属于青藏高原地域，由大峨、中峨、小峨等几部分组成。清康熙二十八年（1689）刻《峨眉山志》卷十八《峨眉山志旧序》："尝读《冀越通》云，地脉向中国来者三支，南络发昆仑，迤东南而行至大峨山，直南折而东为五岭，复折而东北，大尽于建康，其支络于吴、闽、越，是峨山为昆仑之次，明矣。"虽然说法有些不确，如吴、越、闽的山地应属于天目山和武夷山系，但表明了这样一个事实，即峨眉山是西南地区的名山，有"三峨高出五岳，秀甲九州，震旦国第一山也"的说法。"峨眉在蜀，为最高峻，盖众山磅礴而成。齐之泰岱，楚之武当，皆不能及也。"峨眉山当然还是四川的名山之一。

中国佛教史上有"四大名山"的说法，分别是山西五台山、浙江普陀山、安徽九华山和四川峨眉山。从地理位置看，五台山雄踞雁代，俯南坐北，是中国北方佛教的重镇。普陀山占东海之水，四面环海，为南天佛域。九华山位于华中，是长江中下游的佛教圣地。由此可以看出，在长江上游的广大西南地区，只有峨眉山被列为佛教名山，是我国佛教徒公认的、唯一的在西南地区具有全国意义的佛教圣地，把它称为“西南佛山”绝不过分。就此而言，峨眉山本身在中国佛教中占有一种特殊的地位，在西南地区更是首屈一指，其重要意义自不待言。

佛教传入四川后，很快便遍布全川。根据四川的语言文化和历史地理分布的特点，四川的佛教大致可以划为三个佛教文化圈。

第一个是川西佛教文化圈。其影响地域西到雅安，东至乐山，南及凉山，北至成都。在此文化圈内，峨眉山是川西佛教徒修行、参学活动的中心，成都是佛教活动的集散地或中转站。乐山大佛也是这一文化圈的著名象征，有重要的地位。

第二个是川东及川北佛教文化圈。其影响地域西到内江，东达万县，北上广元，南下宜宾。在这个文化圈里，重庆是川东佛教徒活动的重要场所和集散地，广元是川北佛教徒的聚会中心。佛教石刻是此文化圈里最富有特色的成果，它集中了四川大部分石刻造像，著名的有大足石刻、安岳石刻、巴中石刻、广元千佛崖等。密教也曾经在该地区流行。

第三个是藏传佛教文化圈。其影响地域是藏族同胞聚居的阿坝、甘孜等四川西北部广大地区。藏传佛教一直是当地的传统宗教，具有重要影响。甘孜理塘寺藏文版《大藏经》是当地藏族佛教文化集大成者，在西藏、青海和甘肃等地也有影响。

上述三个佛教文化圈呈鼎立之势，构成了四川佛教文化的总体。每个佛教文化圈既有自己的特色，同时还与其他佛教文化圈融汇、交流。限于本文的讨论主题是峨眉山佛教，故有关其他佛教文化圈的问题暂不涉及。笔者认为，峨眉山是川西佛教文化圈的中心，由于它保持了自己的信仰特色，流行千年而不衰。所以，从某种程度上讲，川西佛教文化圈也是峨眉山佛教文化圈，即以峨眉山佛教的面貌显现于世。峨眉山佛教文化不仅是四川佛教的奇葩，还是西南佛教的一枝独秀，对中国佛教、西南佛教和四川佛教都有着重要的意义和特殊的影响。

二

峨眉山之所以名列佛教四大名山，最显著的表现在于它那独具特色的信仰。在佛教四大名山中，五台山是文殊菩萨的道场，普陀山是观音菩萨的道场，九华山是地藏菩萨的道场，峨眉山则是普贤菩萨的道场。

普贤菩萨是佛教传说中的人物，梵名为“Samantabhadra”，音译“三曼多跋陀罗”，意译“遍吉”。传说他是印度转轮圣王的第八个儿子，曾经“证穷法界，久成正觉”。为了帮助释迦牟尼兴教，于是隐本垂迹，现菩萨相，专司佛之“理德”，以行教化度人。在寺院里，他通常被塑成骑白象的力士，居释迦牟尼之右，与释迦牟尼及居左的文殊菩萨一起被人尊称为“华严三圣”。峨眉山之所以成为普贤菩萨的道场，是因为《华严经》中说：

> 西南方有处，名光明山。从昔以来，诸菩萨众，于中止住。现有菩萨，名曰贤胜（普贤），与其眷属、诸菩萨众三千人俱，常在其中而演说法。

中国佛教徒据此将西南地区的峨眉山指断为普贤道场，峨眉山也因而成为佛教四大名山之一。此外，峨眉山成为名山，还因为昼有“佛光”，夜有“圣灯”，它们符合佛经中所说的“光明相”之意。

在佛经里，除《华严经》提到普贤的名字和行迹外，《法华经》《楞严经》《圆觉经》《大方广如来不思议境界经》等大乘经典也介绍了这方面的内容，而且还出现了专颂普贤行化的《观普贤行法经》等经典。从各经的内容来看，普贤信仰有以下几个方面的内容：

1. 教化众生，令心清净行

普贤修菩萨道，获得觉悟，不退三昧，发菩提心，教如来弟子，俱起清净之心，度众生于劫海，是故“人行普贤行，行普贤行者，不见恶相及恶业报身”。

2. 亲证菩萨相，以德相修持之终

菩萨德相本不可思议，非佛莫由。普贤成就不可思议，自在神通，变化自如，无所住，无差别自在，所在福德不可穷尽，“尔时，一切菩萨众，皆向普贤合掌瞻仰”，有无量的功德。

3. 即身即佛，遍周世界

普贤承佛神力，入于三昧，获如来藏身，普入一切佛平等性，是故“尔时普贤菩萨，皆有十万一切诸佛，而现其前”。“普贤恒以种种身，法界周流悉充满”，成为佛的化身、应身、报身之三身，同恒河沙、微尘数，一念之中，悉见诸佛，遍满十方。

4. 受众生供养，成就凡胎色身

普贤赞叹如来功德，演说十事，若人能遂普贤愿，读诵受持及演说，则获遣除疾疫、成道、证知、转法轮、智慧圆满等功德。

普贤信仰在印度早已流行，传入中国后，历千年而蔚为大观。据史乘记载，晋沙门野翼“诵《法华经》十二年，感普贤大士”。释道猷于刘宋元嘉二年（425）在洛阳设普贤斋，参与者四十余人。刘宋大明四年（460），昭路太后始立普贤像，供于中兴寺，刘宋孝武帝曾“辇跸临幸，旬必数四”。道温法师“创思熔斫，抽写神华，摹造普贤圣像，宝倾宙珍，妙尽天饰”。上定林寺普明“以忏颂为业，诵《法华》《维摩》二经……每至《劝发品》，辄见普贤乘象，立在其前”。唐代普贤信仰已遍及大江南北。开元初，陕西同州百家民众结东西普贤社，“造普贤像，每日设斋”。天台国清寺拾得作务僧，一次在牧牛时，得普贤化身异迹，“举众皆愕”。法照礼五台，尊普贤像宣法。法云在五台被视为普贤化身，辨才以《华严经》为业，得“普贤指受玄义，忽尔成诵，焕若临境”。五代吴越道潜幻见普贤像。宋长芦宗赜禅师建莲华胜会，奉普贤、普慧两大士。姑苏大慈寺佛护任持讲经说法，得普贤之助，声音如钟。由上可知，普贤信仰在中国久已有之，它发轫于洛阳，先行于南方，再盛于全国，是民间流行的传统信仰。

峨眉山何时成为普贤道场，这是学术界应该探讨的一个重要课题。传说东汉蒲公采药，遇莲华异相，于是在僧人的指点下，在峨眉山建立普光殿，供愿大士。但在唐代，普贤信仰已与峨眉山相结合，赵州礼峨眉于放光台，叹曰“惟有普贤法界无边”。普月“又忆普贤回峨眉”。澄照住白水寺，每日“朝礼普贤大士”。普贤信仰还流行于成都一带。《益州名画录》载，晋原杜弘义，攻画佛像罗汉，于宝历寺东西廊下画文殊、普贤二圣像，世人称妙。大慈寺则专门建有普贤阁。有宋一代，普贤信仰已广见于峨眉山。行明禅师历五台、峨眉，礼文殊、普贤，“菩萨缘顺心应现”。宋太宗遣张仁赞，“赍资黄金三千两，于成都铸普大士像，高二丈六尺，至今供养”。明洪武初，宝昙国师敕住峨眉山，“建铁瓦殿，并铸普贤金像”。总之，峨眉山“大小寺莫不崇奉普贤，四方信士礼敬普贤者，也莫不指归峨眉”，“以普贤视峨眉，不啻沧海之一滴，而峨眉有普贤，则如芥子须弥”。山虽小，功用却大，纳佛教于一山，反映了峨眉山与佛教之间相互依存、密不可分的关系。在中国佛教史上曾出现过无数的山寺梵刹，有的甚至盛极一时，但是，只有峨眉山被看作普贤道场，被立为佛教四大名山之一，传名于全国，受到各地佛教徒的礼敬。这表明峨眉山普贤信仰在中国佛教信仰史上有着重要的地位和深远影响，对促进中国佛教的民间化发展发挥了重要的作用。

三

峨眉山早期是道教尊奉的名山，即道教的第七洞天。佛教传入后，一度与道教并立，最后超越道教，峨眉山因此演为佛教名山。20世纪上半叶以来，峨眉山佛教文化圈内的乐山、夹江、彭山、雅安等地出土了一大批岩画和陶俑造像等，考古界认为这些都是佛教遗物，时间约在东汉时期。这个说法与《峨眉山志》所载的蒲公建成普光寺的年代相当，如此说能够成立——佛教早在东汉时期就传入这一地区——对传统的佛教传入中国的观点将产生突破性影响。

学术界一般认为西晋时已有僧人在峨眉山活动。传说印度宝掌和尚于此时“入蜀礼普贤”。东晋名僧慧远之弟、道安法师的弟子慧持于隆安三年（399）入蜀，欲“观瞻峨眉，振锡岷岫”，受到了朝野上下的重视，四方慕德，望风推服，所至成侣，峨眉山佛教初具规模。进入唐代，峨眉山佛教已煊赫一方，渗透成都。《益州名画录》载，成都李升、黄居寀皆画过《峨眉山图》。会昌法难和唐僖宗避蜀时，大量僧人入蜀，对四川佛教的发展起到了推动作用。唐中期，成都出现了净众—保唐禅派，影响一时。宋室南渡之前，中国佛教重地称五台、峨眉，“五台承唐之旧，峨眉则宋时始盛”。峨眉山佛教进入了兴盛时期，禅宗成为峨眉山佛教宗派的主流，许多禅僧来此结茅，行禅语机锋之举，多宗临济、曹洞法嗣，山上山下禅风弥漫，历经宋、明，绵延不绝，最盛时有寺院一百余座。峨眉山成为禅宗在西南地区的最大丛林。特别是五代和宋初，汉地密教在长江流域广泛传播，大足地区（今重庆市大足区一带）掀起了密教崇拜风潮，但峨眉山却一直保持着禅宗的特色。因此，峨眉山禅宗对西南禅宗特别是四川禅宗的发展起过重要作用，在中国禅宗史上独树一帜，有重要地位。

四

峨眉山“形具特拔之象，势标严峻之仪。其钟灵毓秀，涵赜蕴奥之致”。佛教传入后，佛风浸润，历代僧才不断涌现，济济不辍。唐时峨眉山曾有昌福达道、灵龙、白水、澄照、西禅、罗汉、继达、大乘、黑水、祖觉、柳本尊、东汀等一批西蜀籍僧人。宋代又有慧真广悟、密印安民、慧远、释道弘、别峰等振锡四峨的高僧。明代出现了遍融、慧宗、镇沧沙弥、万世尊者、澄江、印宗等法将。清代贯之等人也皆为一代宗门巨匠。他们是在故土佛教文化的法乳滋润下成长的释子，对故乡的佛教文化充满了深厚的感情。在他们所行的看话禅和机锋打住的言道里，无不体现了峨眉山青水秀、荡气回肠的豁然达悟心印之气：“处处非千佛，春来草自青。”“涧松千载鹤来聚，月中香桂凤凰归。”“水晶石上起波文，大地纳僧都在里许。”“井中红焰，日裹浮沤。”“地连香积水，门对胜峰山。”“日出方知天下朗，无油那点佛前灯。”“夜听水流庵后竹，昼看云起面前山。”“明月堂前垂玉露，水晶殿里撒珍珠。”这些语录诗意盎然，回味隽永，西来大意、佛子境界俱入其中，极大地丰富了禅宗文学的内容，表现了西南禅文学的特色和峨眉山禅僧的旨趣。此外，华严祖觉禅师曾撰《僧史》一百卷和《华严合论》（亦说《华严经·金刚经解》），学识超群，众所叹服。

独特的峨眉山佛教文化还扎根于广大的人民生活之中，影响了一代又一代人的生活。“故其禅化所洽，广敷遐迩。上自王公大人，下及愚夫愚妇，皆不惮登山涉水，敬礼愿王。即不肖之徒，一诣灵台，举平昔魑魅魍魉之狡习，不知消归于何有？是峨山灵秀之气因乎人之类而启默之，而人也各得其转圆之妙用，以为身心之助。山灵欤，人心欤，其理一而已。”浓郁的佛教文化氛围还熏陶出大批文坛巨匠。中国诗坛永不陨落的诗人、词家苏轼就出生于峨眉山脚下的眉山。在他们所作的脍炙人口的诗词中，饱含佛教的义理，表现了对佛教的深厚感情与深刻悟解。佛教居士胡世安还撰写了传世之作《译峨籁》，记述了峨眉山的地理、名胜、典籍、图记、人物、宗教、物产、文学等，是一部峨眉山百科全书，具有珍贵的史料价值。正是僧俗两界的努力，才使峨眉山佛教文化能够源远流长，于西南一隅正法久住。峨眉山佛教文化不仅对中国佛教文化，对中国古典文学也有着一定的影响。

峨眉山佛教的隆兴也离不开封建统治者和地方官吏的支持。自唐以后，峨眉山佛教就一直受到历代帝王的关怀。唐僖宗、宋真宗、宋仁宗、明英宗、明神宗、清圣祖等历代帝王或敕令建寺，或赐额寺名，或赠送法器，或颁赐藏经，或诏令山僧礼敬，或派遣大臣降香，等等。地方官吏也竞相效仿，捐资建寺，置备法器，刻碑勒石，争建功德，极大地促进了峨眉山佛教的发展。千余年来，一座名山能获得历代帝王的青睐礼遇，这在西南佛教名胜史上是独一无二的。在佛教四大名山的历史上，这也是仅次于五台山的殊遇。峨眉山佛教与封建统治阶级的关系，典型地反映了西南、四川政教关系，揭示了这一地区佛教发展历史的重要线索，具有重要的研究价值，构成了西南佛教史和四川佛教史的主要内容之一，在中国佛教政治史上也值得书上一笔。

丰富的峨眉山佛教文化还表现在佛教雕刻、造像、建筑、音乐等活动中。举世闻名的乐山大佛，高达 71 米，是现今世界第一大佛。整个大佛雕刻在一座山上，“山是一尊佛，佛是一座山”，距今已有一千余年，以端庄的弥勒佛面貌呈于世人。大佛造像圆润，神情庄严慈祥，线条流畅，比例适中，与山水浑然一体，是我国佛教艺术中的精品，也是峨眉地区佛教徒智慧的结晶，同时也反映了净土思想在当地民间的嬗变。此外，在这一地区还遍布了夹江千佛岩、井研千佛岩等一大批佛教造像遗址，它们与乐山大佛一起组成了川西佛教艺术群，是佛教文化的宝贵遗产，在中国佛教雕刻史上有着特殊的地位。

峨眉山有众多的佛教寺宇，万年寺是最古老的寺院之一。寺中的无梁殿，全用火砖拱成，屋顶像锅盖罩地，壁呈正方形，结构式样雄伟精致，是现存的少数典型的明代建筑物，对研究中国古建筑有着重要的价值。寺中珍藏的千年普贤铜像，通高 7.85 米，净重 62 吨，为全国最大的铜像之一。伏虎寺内的华严铜塔，高 6 米，17 层，刻小佛 4700 尊和《华严经》全文，为全国最高大的铜塔。它们对中国冶炼铸造史和艺术史研究都有着较重要的价值。

宋太祖开宝四年（971），成都首次雕刻了《大藏经》，这是中国佛教史上和印刷史上第一部《大藏经》，有着重要的意义。

五

在长期发展过程中，峨眉山佛教与川内川外、国内国外的佛教界一直相互交流、彼此影响。

川西佛教与川北佛教构成了四川境内的汉地佛教文化体系，故民间一直流传着“南朝峨眉，北朝宝顶（大足）”的说法。它们无疑受了自北而来的黄河流域佛教文化和自东而溯的长江中下游佛教文化的影响。前者主要以早期的关中佛教的传人为代表，以华严、净土、密宗思想为特色；后者以南宗禅为特色。唐末，峨眉山下洪雅县的悟达法师曾受到唐僖宗的礼遇，被尊为国师，驻锡成都，统率巴蜀佛教，对四川佛教的发展起过重要作用。乐山柳本尊为密宗第六代祖师，曾经对大足、安岳等地石刻的开凿做出贡献。川东的佛教徒也到峨眉山礼佛，弘传佛法。晋代资州明果就曾登峨眉山，卓锡中峰，是川东来峨眉最早的僧人；梓州纯白在峨眉华严寺“建立纲宗”。明代资县无瑕，居圣灯峰；铜梁无穷在峨眉山建大佛寺。清代渝城紫芝和尚居白水寺三十余载，开堂说法，后杖锡东行，圆寂他处，其法嗣负灵骨归峨眉山建塔供之。

峨眉山西邻藏族聚居区，因此峨眉山佛教文化与藏传佛教文化也有着密切的交流。藏族人民把峨眉山看作自己的圣山，尊普贤为尊神。他们到峨眉山巡礼，将铜普贤像称为藏普贤，意为藏僧所造，位极尊崇。藏文经典里也多次提到和记叙峨眉山佛教的情况。峨眉山成为藏汉佛教徒的朝拜中心和向往圣地，具有广泛的民族性，是民族团结的象征和文化交流中心，对各民族的佛教佛教文化交流起到了纽带的作用。峨眉山佛教还将川东、川北和川西佛教与藏传佛教文化联系在一起，起了中介的作用。

峨眉山佛教与四川以外的佛教的联系也是显著的。历史上从中国到印度除了北方丝绸之路外，还有一条南方丝绸之路，即“蜀身毒道”，也称“川滇缅印古道”。这条道路由东西两大干线组成。东线自成都向西南经彭山、乐山、宜宾等地至云南大理，西线自成都西经邛崃、雅安、西昌至云南大理，最后由大理入缅甸，抵印度。从地理位置来看，不管是东线抑或西线，都要经过川西地区，进入峨眉山佛教文化圈。峨眉山本身就处在这一丝绸之路上，是佛教文化的重地。因此不能忽视西蜀峨眉佛教在这条路线上所产生的重要影响。

我们撇开南传佛教传入的问题不谈，看看四川的佛教与云南、贵州的佛教的关系。《记古滇说》载，8 世纪初南诏王蒙晨罗遣国相张建成朝唐，张建成在成都接触了佛教，回滇后“逐学佛书，归授滇人”，云南佛教自此肇始。稍晚，南诏王蒙世隆和母后段氏在西昌建景净寺，又在境内用黄金铸文殊、普贤两大士圣像，佛法大兴。与此同时，曾资助刻造乐山大佛的西川节度使韦皋接纳大量南诏青年来蜀学习。其后，另一西川节度使高骈遣僧人景仙出使南诏。频繁的佛教文化交流促进了大理白族佛教的发展，出现了与西安唐式大小雁塔制式相同的唐代大理三塔。南诏段义宗入蜀，朝廷授左街崇圣寺，赐紫沙门银钵。汉僧贯休被敕封为大蜀国两街僧录兼云南八国镇国大师，“则云南（佛教）受蜀僧之领导可以知之”，“汉僧从四川来，交通方便”，其影响是显而易见的。明以后，西蜀峨眉山佛教与云南佛教的关系更加密切，许多僧人“眺岷峨离堆之胜”，然后返回云南鸡足山巡礼。晋宁水月禅师礼拜峨眉山四会亭，得琉璃三昧，胸中莹彻。故“谓蜀有峨眉，（云南）佛教独盛乎”！

四川佛教与贵州佛教的因缘也甚深。明季黔南灯系表曾列出 121 名禅僧，“其中以蜀人为最多”。而在这一地区活动的西蜀僧人有三能性柔、行之显笃、语林弘先、成都古源、蓝田光碧、明辉净月等人。有的人一生矢志弘法，志在黔地，乃至献身于此，为贵州佛教的隆兴竭尽毕生之力。贵州僧人也来西蜀兴教。值得一提的是唐开元初来乐山开凿凌云大佛的黔僧海通禅师。他感叹岷江险要，“劂惟天难”，于是发愿“广开慈容，廓轮法相”，“善因可作，众力可集”，“奇天险以慈力，易暴浪为安流”。大佛开凿以后，为了保护工程的资金不被他人占用，他宁愿剜掉双目，也不接受贪官污吏的索贿。其不畏强暴之高风亮节激励了众人，后人为了纪念他，在大佛旁边塑造了他的尊像。南方丝绸之路连接了西蜀峨眉山佛教与云贵佛教的振兴与发展，作为西南佛教文化的源头之一，峨眉山佛教文化发挥了特殊功能。

此外，峨眉佛教与中国北方关中、中原、三晋和江南吴、越等地的佛教文化交流也从未中断，许多西蜀僧人出川到五台、普陀等地巡礼，去长安、黄檗、嵩山、沩山、曹山等地参学。自慧持来峨眉“振锡岷岫”之后，还有赵州和尚、黄檗老人、南泉老人、江陵会通、长洲明禅、耀州继业三藏、吴宝坛国师、禹州匾囤、楚别传、大智、泰同州通天、平职妙峰、伏牛归空、蕲水舒光照等僧人自全国各地来此顶礼普贤，兴寺弘愿。从古到今，除了印度宝掌和尚、西域阿罗婆多尊者来峨眉，还有西竺指空禅师至蜀“礼普巨像”。日本僧人金刚三昧与人约游峨眉。现在，来自美国、日本、新加坡、菲律宾、马来西亚等国的佛教徒络绎不绝。峨眉山佛教正是在千年中外佛教徒的关心下，以开放的性格，接纳了各地不同形态的佛教文化，遂成今日的壮观规模。峨眉山佛教不仅在国内有着重要的地位，在国际上也有着重要的影响，它连接了世界各国佛教徒之间的友谊，谱写了中外佛教文化交流史的篇章。

六

以上我们从不同角度讨论了峨眉山佛教在中国佛教中的地位、形态及作用等。可以看出，地处西蜀的峨眉山佛教一直以其独特的面貌展现在世人面前。普贤信仰是其信仰特色，禅宗是其宗派特色，它是四川佛教中心之一，西南佛教的重镇，中国佛教的名山，地位不可替代，作用不可低估。

今天，作为宗教的佛教在现阶段还会存在，并且具有文化的功能，影响着人们的思想道德和社会生活。随着社会物质文明与精神文明的进步，传统的峨眉山佛教文化也会发生适应性的变化。峨眉山除了保持传统宗教信徒朝拜圣地特点之外，又有了新的旅游功能，吸引了千百万慕名而来的旅游者，为社会经济发展做出贡献。

峨眉山佛教文化也是中国传统文化的组成部分，这就需要我们弃其糟粕，取其精粹，继承宝贵的文化遗产，弘扬传统文化。宣传峨眉山，就要了解峨眉山，过去我们对峨眉山的佛教及其文化的了解远远不够，还有许多值得开发的课题，不管是微观的专题研究，还是宏观的综合研究，都需要我们下大力气去做。峨眉山佛教及其文化有着美好的前景，必将以新的面貌呈现在世人面前。

黄夏年：中国社会科学院世界宗教研究所，编审。

峨眉山佛教文化的产生与发展

张文良

摘　要：峨眉山不仅是秀甲西川的风景区，更是具有特定历史及文化内涵的文化区。峨眉山文化源远流长，意蕴丰富，而绵延不绝且蔚为大观的是佛教文化。以普贤菩萨信仰为核心的佛教文化构成了峨眉山文化的主体和主流，是活生生的人的思想、行为的外化和物化。本文从峨眉山佛教文化的形成、发展和传播三方面对峨眉山佛教文化进行了探索和论证。

关键词：峨眉山　佛教文化　产生　发展

文化不是死的，而是活的，这不仅指任何一种文化形态都是开放的、发展的，而且从根本上讲，文化是人的文化，是人的活动和人的思想，文化景观不过是附着于自然景观之上的人类活动形态。峨眉山这一文化景观同样是不同时代人们的心灵和精神在峨眉山这一自然物上的外化和物化。分析这一文化景观，我们可以找到峨眉山文化的起源、扩散和发展诸方面的证据，并通过这些证据，更好地分析历史上的人们给自然带来的变化。

一、峨眉山佛教文化的形成

就佛教义理而言，普贤菩萨是法身示现，示迹众影像，普入众法界，遍一切处又不住一切处，即说普贤菩萨与文殊菩萨、观世音菩萨等一样，随其应度而现化身，时时在说法，处处是道场。就世法而言，普贤菩萨垂迹西川，现身峨眉山，峨眉山为“普贤道场”早已成为佛教徒的普遍信念。那么，峨眉山是怎样成为法缘福地的呢？

一些佛门弟子引《华严经·菩萨住处品》云：

> 西南方有处，名光明山。从昔以来，诸菩萨众于中止住。现有菩萨，名曰贤胜，与其眷属、诸菩萨众三千人俱，常在其中而演说法。

再根据峨眉山昼有“佛光”，夜有“圣灯”，光明常住，且位居国土之西南，于是认定佛经所言光明山即峨眉山，贤胜菩萨即普贤菩萨。建于宋代的万年寺无梁殿，除供普贤菩萨外，还在殿之四壁层台上供小佛三千尊，就是根据这段经文而设的，寓意“眷属三千人”。这种说法能否成立呢？先不讲《华严经》所言之西南不同于中土之西南，但就贤胜之名而论，遍查佛典，普贤菩萨有译为遍吉者，有说其世为泯图王子者，而未闻有贤胜名者。以贤胜为普贤，以峨眉山比附《华严经》之光明山，显然只是一些人“欲借重经言以见重”，实不足为据。

但中国僧人所撰的《杂花经》却是值得注意的，其云：

> 诸佛如来，以大悲心为体，故因于众生而起大悲，因于大悲生菩提心，因菩提心成等正觉。故我世尊等正觉而有方所，说经而有道场。普贤于道场开化人天等众，现相海于峨眉山中，密引世人而通菩提觉性。

《杂花经》属伪经是无疑的，但伪经不等于无价值，它的内容虽然是杜撰的，但这“杜撰”本身却真实地反映了中国僧众的心态，即希望普贤菩萨止住峨眉，兴慈运悲，佑护众生。西天佛国毕竟太遥远了，普通信众希望中土也有普贤菩萨的说法道场。随着佛教在中国内地的传播，以及普贤菩萨影响的扩大，确立普贤菩萨的说法道场，对宣扬普贤菩萨圣德，吸引更多的信众皈依佛教就显得尤其重要。普贤菩萨止住中土可以说是佛教中国化的必然，至于普贤菩萨何以示迹峨眉而非三山五岳，则是一个文化发生学的问题。

据载，峨眉山开山建寺肇始于东晋隆安三年（399），是年，山僧建殿供普贤菩萨像，并取名普贤寺。至于山僧为何专供普贤菩萨像，进而以普贤之名名寺，已不可考，但这一看似带有很大偶然性的选择却成为峨眉山之为“普贤道场”的原始根据。以后信众的种种说法、种种设置不过是为了强化这一信念而已。在文化发生学上，最初带有偶然性的选择一旦作为既定的观念流传开来，就以约定俗成的方式显示某种必然性，发展到后来，这种观念变成人们普遍接受的信念，其原始的根据反倒被人们忽略。例如，在民俗方面，冉有（伯牛）被奉为牛王，颜真卿（鲁公）被奉为豆腐王，杜甫（拾遗）被奉为女性土地杜十娘等，都匪夷所思，但在后世却被相当多的人接受。当然普贤菩萨之于峨眉山与此不同，峨眉山成为“普贤道场”具有丰富的历史文化内涵，并非偶然，但在最初，它们之间确有某种相似之处。

在确立峨眉山“普贤道场”的地位方面，峨眉僧众居功实伟。东晋的普贤寺之后，峨眉僧众广建寺宇，大小寺庙普遍塑有普贤菩萨像，而且这些建筑和雕塑都凸显了“普贤道场”的特色。按照佛教的说法，普贤菩萨的地位次于佛祖，一般都供于最后一殿，唯峨眉伏虎寺供之于第二殿，万年寺则为其设立专殿，清音阁、洗象池、雷音寺则把普贤菩萨与文殊菩萨同列为释迦牟尼佛胁侍，同供一台，合称“华严三圣”。除寺庙供奉普贤菩萨外，寺外还供有许多普贤圣迹，如“洗象池”“普贤塔”“普贤石”“普贤船”等。所有这些，既体现了僧众对普贤菩萨的特殊尊崇，又造就了一种浓郁的佛教氛围，强化了人们对“普贤道场”的认同心理。峨眉僧众还以《华严经》，特别是《普贤菩萨行愿品》作为讲经说法的主要经典，大力宣扬普贤菩萨盛德，特别是普贤菩萨的宏大愿力：

> 于诸病苦，为作良医。于失道者，示其正路。于暗夜中，为作光明。于贫穷者，令得伏藏。菩萨如是平等饶益一切众生。

又宣扬普贤菩萨神通广大、法力无边：

> 悉能破坏一切恶趣，悉能远离一切恶友，悉能制伏一切外道，悉能解脱一切烦恼。

所有这些，不仅增进了广大信众对普贤菩萨的崇信，而且使峨眉山作为“普贤道场”声誉远播。此外，僧人们还编造了许多佛教神话故事，其中汉永平年间蒲公上山采药得见普贤菩萨示现的故事最为著名。这些神话故事无论是否有事实根据，都反映了信众祈望普贤菩萨垂迹人间、佑护众生的美好愿望。这些故事的广泛流传更使十方信众对峨眉山与普贤菩萨的殊胜因缘深信不疑。

在封建社会，最高统治者也对峨眉山佛教倾注了热情。最早的是唐僖宗（873—888年在位）敕建黑水寺，赐额“永明华藏”，又赐住持慧通禅师袈裟及诸供器。之后历代帝王对峨眉多有敕赐，其中宋太宗于太平兴国五年（980）的敕赐别有意义。是年，嘉州（今乐山市）地方官以峨眉山白水寺现祥云及丈六金身相奏，太宗以为祥瑞，于是遣使铸普贤大士像，于寺内供奉。这尊铜像通高7.85米，重62吨，至今仍供奉于万年寺。宋太宗此举的特殊意义在于，峨眉地区的普贤信仰由民间信仰变成了民间和官方共同信仰，峨眉山作为“普贤道场”的地位得到了官方的确认。在封建社会，帝王作为最高统治者，其信仰选择对社会有着巨大的导向作用，如果说峨眉地区的普贤信仰最初是自发的，那么朝廷的崇信就使其具有了某种权威性，如果说原来这种信仰还具有区域的局限，这之后它就更具普遍性，覆盖面更广。皇室尊崇峨眉山供奉普贤菩萨当然有其信仰之外的政治用意，但在客观上扩大了峨眉山的影响，并使峨眉山之为“普贤道场”获得了皇权的支持。

二、峨眉山佛教文化的展开

峨眉山作为“普贤道场”的地位确立后，它就成为十方辐集的信仰中心，普贤菩萨圣德的感召力和峨眉山胜景的吸引力在各地信众中形成了强大的向心力。与峨眉山发生直接关系的群体大体有这样一些：峨眉山僧众，峨眉山附近的居士，外地参礼的僧众，外地的香客或游客。还有一个不稳固的群体即皇室。这些群体大都有共同的宗教文化背景，即他们都是佛教文化的服膺者，他们一般不把峨眉山单纯看成自然景物，而是把它视为普贤菩萨的道场、朝礼的圣地。这种共同的信仰及相近的行为方式构成他们对峨眉山这一给定景物相近的感应方式。但这些群体由于不同的社会身份、社会地位、文化背景及由此决定的不同的价值取向，使他们面对峨眉山这一自然景观时又有不同的思想或感受，所有这些决定了他们不同的行为动机以及在峨眉山文化建构方面不同的地位。

西晋初年即有云游僧人于峨眉山结茅修行，之后一些僧人或云游至此，或闻风而来。到唐代，来此修行的僧人已达一定的规模。这些僧人或建寺宇，或启道场，或注经典，成为弘扬峨眉山佛教文化的中坚力量。在物质文化层面，僧众修建了大批寺庙。这些寺庙或建于山梁之上，或筑于幽谷之中，或悬于绝壁之畔，备极壮丽，堪称建筑史上的奇观。其代表性建筑有白水寺无梁殿、伏虎寺、报国寺、雷音寺、清音阁、遇仙寺、金顶华藏寺等。峨眉山地处偏僻，交通不便，施工条件恶劣，修建寺宇并非易事，虽有皇室或显官大吏的支持，也往往费时长久。例如，清顺治八年（1651）贯之和尚主持修建伏虎寺，占地百亩，殿堂十三重，依坡而上，历二十年始竣工。其间贯之和尚及具体主其事的可闻和尚“朝昏竭蹶，鸠工庀材，继以规矩准绳”，深加筹量，不惮其劳。此外，僧人还造桥修路，植树造林，美化了峨眉山的自然环境。如今我们看到的琼宇绀殿、山林景物，无不凝聚着先代僧众的辛勤努力。如果说峨眉山是一座文化公园，那么峨眉僧众则是辛勤的园丁。

应该指出的是，当地的善男信女及护法居士既包括督抚大吏，也包括平民百姓，他们也为这些寺宇殿堂的建设出了大力。《可闻禅师塔铭》在谈到伏虎寺的建设时说，“悉赖本省文武护法宰官捐金布施，檀那善人，共襄盛举”。他们不仅是僧众的布施者，而且是大批佛教建筑的实际建设者，许许多多无名的工匠和建筑师以自己的劳动表达了对佛及普贤菩萨的至诚。

四川佛教分住山、住持二部，住持部又分丛林系、诸山系，峨眉山寺庙就属于住持部丛林系。在唐代峨眉山佛教就出现了多种宗派，发展到后来，影响最大的是临济、曹洞二宗。唐懿宗年间（859—873），蜀地眉州昌福和尚朝礼峨眉山，并修建华严寺，收徒授道，阐扬临济宗风，是为临济宗立宗之始。其后承续临济法脉的高僧有唐代的慧通禅师、宋代的继业大师、明代的宝昙和尚等。清初“禅门世匠”破山大师于顺治十二年（1655）来山，与伏虎寺住持贯之和尚建“学业丛林”，收徒授道，举扬宗风，万年寺、金顶、报国寺得以中兴。

峨眉山曹洞宗的开山祖师为唐代的澄照和尚，他于唐懿宗年间来峨。其后明茂真、无穷、妙峰等高僧入峨，传承法脉。峨眉金顶即由妙峰所建。除峨眉金顶外，妙峰还建有文殊菩萨、观音菩萨等金像并铜殿，万历皇帝誉之为“真正佛子”。

临济、曹洞同属慧能南宗一系，但由于门庭设施不同，特别是接引后学的方式不同，形成了不同的门风。法眼宗的文益在《宗门十规论》中称：“曹洞则敲唱为用，临济则互换为机。”这种不同只是说法接人的风格不同，其基本精神则是一致的，即都是建立在理事圆融的基础上，如曹洞讲禅法的语句是偏正回互——他们有五位之说，即以偏正来讲，偏代表事，正代表理，二者相互配合而构成五种形式，即五位。所谓“敲唱为用”是说五位之间的相互配合，诸如偏中正、正中偏等各不相同，因而有唱有敲，于中听出他们的偏正来。临济则以宾主来代表理事，宾即事，主即理，不过宾主在对答中可以互换位置，如宾中主、主中宾，地位可以互换，问题在于听者能否知道这种情形。如：

> 有僧问昌福和尚：“如何是密室中人?”答曰：“昌福。”有人问曹洞僧澄照和尚：“诸佛有难向火焰里藏身，衲身有难，向甚么处?”答曰：“水晶石上起波文，大地衲僧，都在里许。”又问：“云何是初生月?”答曰：“大半人不见。”

后人评临济、曹洞两家一为“触目是道”，一为“即事而真”，一家细密，一家痛快，由上面两则公案亦可窥见其宗风之一斑。

值得注意的是，峨眉僧众，无论属临济，还是属曹洞，都是教禅双修。许多禅宗高僧精研教理，契悟颇深。如唐大历十一年（776）来礼峨眉的澄观和尚发愿注疏佛经，后新译《华严经》，又作《普贤行愿品疏》，赠送峨眉僧众。昌福和尚亦尊奉《华严经》，修建华严寺，常诵《普贤行愿品经》。澄照禅师亦精于佛理，每日六时朝拜普贤大士。峨眉僧众尊奉《华严经》，常礼普贤大士，不仅因为他们所止住的普贤道场，而且禅宗本来就与《华严经》教理有密不可分的关系。禅宗完全建立在《华严经》理事圆融基础之上，禅宗各派不过是用不同的方式来表现这一中心而已。临济重视从主观方面来体会理事的关系，由理的方面体现事，也就是说，以理为根据来见事，所以所见者无不是道；曹洞则把重点放在事上，注重客观，在个别的事上体会出理来。峨眉禅师修禅而不废教，其禅会通教义而发，避免了凌空而谈、不着边际的口头禅之弊，可以说是禅法的正脉。

峨眉僧众的另一优良传统是讲求真参实证。普贤菩萨以其随顺众生等十大行愿赢得“愿王”（大愿菩萨）的称号。《普贤行愿品》中有一段经文：

> 一切众生而为树根，诸佛菩萨而为华果，以大悲水饶益众生，则能成就诸佛菩萨智慧华果。

欲涉普贤境界，绝不是轻而易举的，必须修得大誓愿、大精进、大智慧，证得菩提觉性，才能得普贤菩萨印证，入大光明藏海。

晋代名僧慧远之弟慧持曾于峨眉地区说法度众，一生持戒谨严，道风远播，临终为弟子留言：“经言戒如平地，众善由生，汝等行住坐卧，宜其谨哉！”

后世峨眉僧众正是准此而行。明代通天大师出家后以十事律身：

> 誓愿悟道，誓固净戒，誓不攀缘，誓不目美好，誓滴水同饷，誓胁不着席，誓不慢后学，誓不畜余物，誓修净土，誓老不改行。

在几十年修道生涯中，通天大师信守誓言，终身无遗地在云游天下、遍参善知识的途中，或作头陀于树下，或卧幽壑深林，或坐险崖古洞，数十年间方了却大事，得法自在。

又如明代妙峰禅师，幼而颖悟，闭关修禅未久即有悟处，作偈呈山阴王，王为挫其狂气，寄一破鞋底并一偈与之，云：

> 这片臭鞋底，封将寄与汝。并不为别事，专打作诗嘴。

妙峰接得，以线将鞋底系项，一心闭关，三年期满，本分事明。

破山大师与贯之和尚创立学业禅堂，就是有感于教禅律流，各执一边，鲜能知体达用，三法共行，故望通过整顿丛林，养育贤才，陶铸后学，其用心可谓良苦。

三、峨眉山佛教文化的传播

峨眉山地区的僧众及护法居士是使峨眉山佛教文化蔚为大观的核心力量，但使峨眉山名播宇内，并使其影响辐射开来的主要是外地僧人及香客。

据《峨眉山志》，唐玄奘在西行求法前曾登峨眉山礼普贤菩萨，参师求道。其间，在九老洞一老僧授以佛经一册并佛偈四句：

付汝般若舟，慈悲度一切。普贤行愿深，广利无边众。

玄奘感悟，坚定了弘法利生的信心。密宗第五代祖师柳本尊于唐光启二年（886）冬登峨眉山礼普贤光相，时值大雪封山，天寒地冻，为表礼佛之诚，他从早到晚坐于雪中，默诵经文，受到僧众的敬重。十方朝礼的僧众入山而瞻相好，睹瑞光，心灵即能得到一次净化和升华。峨眉山不仅是神圣的道场，更是一大选佛场。

因为峨眉山主要是禅宗道场，故外地禅宗高僧大德大多不辞辛苦，千里来参。

唐代赵州禅师礼峨眉山，上放光台，不登宝塔顶。有僧问禅师："何不至极处？"云："三界之高，禅定可入；西方之旷，一念而至；惟有普贤，法界无边。"

通常人们皆以超出三界、往生西方为期，而赵州禅师则认为其实这并不难，难的是立普贤愿，行普贤行，因为普贤之愿广大，其行无边，圆满普贤行愿，不是常人所能企及的。这一法语既表达了禅师对普贤圣德的崇奉，也表达了禅师对佛教根本精神的深刻契悟。

唐代黄檗希运禅师礼峨眉，至睹佛台，雾气澄霁，曰："云何不见？"僧问："不见甚么？"云："不见普贤。"

赵州、希运等禅师都是即物发凡，随机说法，表现出很高的境界，而峨眉地区的自然风物则成为引发其禅机的灵感之源。

外来的香客是传播峨眉山佛教文化的另一重要力量。在过去交通不便、山水阻隔的情况下，欲亲礼峨眉山实非易事，能不惜艰险，登上峨眉山者必是深具信心、久蓄宏愿的信士。这些香客中，既有汉民，也有藏民；亦有文人雅士，更多的则是普通百姓。这些香客在峨眉山进香礼佛，布施僧尼，在诵经梵呗声中净化心灵，加深了对佛教的情感；而香客亲睹金顶祥光、"普贤圣灯"又会生出美好的遐想，留下终生难忘的回忆。对那些文人雅士而言，峨眉山雄伟壮丽的自然景观激发了其艺术想象力，浓郁的佛教文化激发了其艺术灵感，而超凡脱俗的精神氛围又赐予其空灵澄澈的创作心境。他们的成就表现在诗文书画等各个方面，尤其是诗文，无论是否是名家的作品，大都给人以清新、洁净、恬淡、和谐之感，并时时折射出禅光佛影。如李白《听蜀僧濬弹琴》：

蜀僧抱绿绮，西下峨眉峰。
为我一挥手，如听万壑松。
客心洗流水，余响入霜钟。
不觉碧山暮，秋云暗几重。

谪仙的豪迈奔放不减，又平添了佛教的象征意味。杜甫久居成都，然因战乱，未曾登临峨眉山，后人莫不以之为憾，但他还是留下了与峨眉山有关系的诗篇，如《漫成二首》其二：

江皋已仲春，花下复清晨。
仰面贪看鸟，回头错应人。
读书难字过，对酒满壶频。
近识峨眉老，知予懒是真。

平淡自然而神韵超逸，空明静谧而又灵动圆满，虽非谈禅而有禅趣。又如苏轼《寄黎眉州》：

胶西高处望西川，应在孤云落照边。
瓦屋寒堆春后雪，峨眉翠扫雨余天。
治经方笑春秋学，好士今无六一贤。
且待渊明赋归去，共将诗酒趁流年。

其疏阔放达之情怀与山水景物融会在一起，清秀灵异，迥出常格。这些动人的诗篇既给读者以美的享受，又使读者受到佛教文化的熏陶。它们与峨眉山历代名家书画作品一道，构成了峨眉山佛教文化的重要组成部分。它们作为精神文化超越了时空的限制，其影响比之其他文化形态更为久远。这些诗篇的广泛传诵激起了人们对峨眉山的美好想象，也激发了人们对峨眉山的向往之情，提高了峨眉山作为天下名山以及“普贤道场”的声誉。

结　语

任何宗教都是一种群体现象，任何宗教文化都具体表现为特定社会群体的思想和行为。峨眉山佛教文化同样是活生生的人的思想、人的行为的外化和物化。人们指向峨眉山的思想和行为首先是一种选择，最初开山者认定此处为“普贤道场”也是一种选择，不过前一种选择带有偶然性，后者则是在特定文化背景下的选择，带有更多的必然性。经过世世代代的僧众、护法、香客的惨淡经营，才有了今日的峨眉山，而峨眉山独特的文化品格作为一种传统，又构成我们今天选择的前提和背景。今天我们要开发建设峨眉山，首先应该从人文角度来评价峨眉山的资源条件及其意义，即首先应该形成这样的共识：文化因素特别是佛教文化是形成该区域特性的关键因素，应该把人文因素的开发利用看成实现峨眉山发展目标的首要途径，这就必须加强对峨眉山佛教文化的研究，这不仅对开发峨眉山有特殊的重要的意义，而且可以更好地对游人进行传统文化教育，为提高全民族文化素质做出贡献。

张文良：中国人民大学哲学院教授。

对峨眉山创建“中国国际佛教文化旅游目的地”的思考

永　寿

摘　要：2016年2月，峨眉山市获批创建首个“中国国际佛教文化旅游目的地”，成为四川省唯一的获批城市。同时，乐山市也积极推进构建乐山全域旅游新格局，开展多个全域旅游项目，建设国家全域旅游示范区。这两个项目分别从国家层面和地区层面提出，核心都是峨眉山，因为峨眉山不仅是乐山市，也是整个西南地区旅游的标杆和旗帜，而峨眉山的核心价值正是其佛教圣地、普贤道场的地位，从某种意义上说，两个创建工作就是要全面贯彻落实党的宗教政策，做好文化旅游目的地建设。

关键词：峨眉山　佛教文化　旅游　目的地

峨眉山有近三十座作为佛教活动场所的寺院，是其被尊为佛教圣地的表征，也是佛教文化的载体。峨眉山佛教文化依靠僧团传承，具体形式有早晚功课、诵经、坐禅等佛事活动，这些都是僧众的修持活动而非表演，每座寺院如果都能全面贯彻党的宗教政策，遵守佛教的清规戒律尽，就是做好了目的地建设。

一、建设好世界文化与自然双遗产峨眉山

世界文化与自然双遗产峨眉山，不仅是自然的恩赐，更是历代先贤建设的成果，保护好、建设好这一方绿水青山，是僧俗两界共同的责任。

峨眉山佛教的历史，如果从蒲公追鹿的传说算起，至今已有近两千

年。峨眉山第一座比较正规的寺院为东晋慧远之弟慧持所建普贤寺，即今万年寺的前身；晋代又有四川资州明果大师因斩蛇而感化道士，被迎请入乾明观主事，因而改观为寺，此即今中峰寺。整个东晋、南北朝时期，这些高僧为峨眉山佛教的兴起打下了基础，有开创峨眉山佛教之功，此一时期是峨眉山佛教的萌芽期。

经过南北朝的酝酿，中国佛教在唐代获得了大发展。这个历史大背景也促进了佛教在峨眉山的发展。对峨眉山寺院建设作出总体规划、为佛教名山形成创造条件的是慧通禅师。慧通禅师在峨眉山建兴六寺，又观峨眉山相属火，多遭火灾，据“水火相克”理论，改五寺名为“三云二水”[①]。宋太平兴国五年（980），白水寺住持茂真奉召入朝，太宗赐金敕建普贤铜坐像供于白水寺，标志着峨眉山普贤道场的地位得到统治者的认可；明代初期，明太祖敕封宝昙和尚为国师，并遣其来峨眉山重建铁瓦殿。从唐宋至明中期，峨眉山佛教平稳发展，寺院群初具规模，这是峨眉山佛教的发展期。

到了明朝中后期，由于皇室的扶持，峨眉山寺院修建极多。明万历年间，无穷国师募铸三丈六尺千手千眼观音铜像一尊，慈圣皇太后敕金建大佛寺（今大佛禅院前身）以安奉观音大士铜像。明万历二十九年（1601），慈圣皇太后赐金在白水普贤寺营造无梁砖殿，神宗又题“圣寿万年寺”额为太后祝寿，从此白水寺更名为圣寿万年寺。明万历三十年（1602），妙峰禅师铸金顶铜殿。清顺治年间，贯之和尚在伏虎寺旧址重建“虎溪精舍”，康熙皇帝亲笔题写“离垢园”三字悬于寺内。从明代中晚期至清初，在帝王及地方官员的支持下，峨眉山佛教迎来了黄金时代，寺院数量达到了历史最高峰，这是峨眉山佛教发展的顶峰期。清中后期以降，峨眉山佛教渐趋衰落。至 1978 年，峨眉山仅存寺院 26 座。

1979 年峨眉山佛教协会恢复后，峨眉山佛教在各级政府及十方善信的关心、护持下，顺应时代因缘，顺应众生愿望，走上了快速发展之路。进入 21 世纪后，峨眉山佛教协会吸纳历代祖师普贤道场建设的成功经验，集中全山僧众智慧，从体用、表里等方面对普贤菩萨与峨眉山的关系进行了深化与圆融，提出了以“一座名山、三个中心、五妙共品”[②] 为核心的建设普贤道场、发展峨眉山佛教文化的新理念，并在这一理论指导下，重建金顶华藏寺，修建十方普贤圣像，恢复大佛禅院，建立峨眉山慈善康养中心，峨眉山佛教进入中兴期。

回顾历史，我们可以看到峨眉山今天的荣光与地位来之不易，是峨眉山历代祖师辛勤与智慧的结晶。

从自然的角度而言，“峨眉天下秀”正是历代僧人注重环境保护的结果。峨眉山著名的三大人工林——旃檀林、古德林、布金林，至今仍存。其原因在于僧人植树时通过有目的、有意识的佛教仪式性包装，使活动的对象具有神圣性。相传别传禅师在植造古德林时，每种一树，即诵《法华经》一字，行一礼拜。按字数计，共植树六万九千七百七十七株。可闻禅师在伏虎寺植造布金林时也有类似行为。通过如此神圣的仪式，在信众心中，这些树木成了神木，不可樵采，否则必遭报应。“禅心染得千山绿”“天下名山僧建多”，千百年来，峨眉山僧众辛勤劳动，修路、架桥、植树造林，为名山建设做出了贡献。

以历史的角度而言，“普贤道场”、中国佛教四大名山之一的地位来之不易。中国佛教的最大特色就是四大菩萨信仰，千百年来，佛教四大名山吸引着无数的信众来此朝山礼佛。名山的形成需要四个基本条件：一要有良好的生态、不远离人口稠密地区、有足够的面积；二要有名僧及众多寺院；三要有佛经依据与圣迹；四要有国家支持。除此之外，还要有历史机缘。峨眉山之所以成为普贤道场，就在于唐末有为数众多的青原一系（特别是曹洞宗）川籍僧人在峨眉山广修寺宇、弘扬佛法，以青原系与《华严经》的关系，可以认为正是青原系僧人将华严思想传播至峨眉山，使得普贤信仰在峨眉山初步形成。至宋太宗时期，因五台山已落入辽国势力范围，北宋朝廷于是大力扶持峨眉山，以太宗敕建普贤铜坐像为标志，峨眉山“普贤道场”的地位得以确立，形成峨眉山佛教与五台山佛教对峙之格局。可见，佛教圣地峨眉山的形成是千百年佛教文化积淀的结果，是历史的选择。今天的中国国家繁荣昌盛、人民安宁幸福，佛教也迎来了一个最好的发展时期，我们应当珍惜历代祖师给我们创下的这一份如来家业，把峨眉山建设得更加清净庄严、山川秀美。

二、发展慈善康养事业，以文化立山，以慈善立山

发展慈善康养事业，以文化立山，以慈善立山，是峨眉山佛教在新的历史时期弘法利生的新举措，是时代赋予峨眉山佛教的新的发展机遇，也是创建中国国际佛教文化旅游目的地的重要内涵。

2012 年《关于鼓励和规范宗教界从事公益慈善活动的意见》颁布实施，明确了设立养老服务机构是宗教界从事公益慈善活动重点支持和鼓励的领域，我国佛教公益慈善事业，特别是佛教康养事业迎来了发展的殊胜因缘。

峨眉山佛教一直有着慈善传统，历代祖师皆以践行普贤菩萨十大愿为修行证道之根本，“于诸病苦，为作良医；于失道者，示其正路；于暗夜中，为作光明；于贫穷者，令得伏藏”。随着“三个中心”的初步建成，我们的工作重心也从道场建设转向佛教教育、文化、慈善事业。

峨眉山当前正在创建中国国际佛教文化旅游目的地，而慈善康养中心的建设正是其重要内涵，其原因在于两点：

第一，旅游业在当代中国已经成为国民经济战略性支柱产业，要使旅游业更好、更健康地发展，旅游必须和文化及其他产业在融合中共同发展，深挖文化内涵，使文化与旅游相互渗透，形成全新的产业。“佛教文化旅游目的地”的建设，就要从佛教文化方面满足大众的需求，充分利用佛教文化的吸引要素，为前来旅游的信众、游人提供多种佛教文化体验产品，满足大众的佛教文化体验需求，提升他们的生活品质。

第二，佛教文化的体验方式众多，主要有礼佛、敬香、供花、打坐、诵经、抄经等，但峨眉山佛教文化自有其独特之处。自佛教传入峨眉山，普贤菩萨行愿精神与峨眉山水结合，孕育了独具峨眉山佛教特色的“五妙共品”文化，涉及音乐、茶道、素斋、武术、书画、诗词等领域。大众通过体验这一独具峨眉山特色的普贤文化，能够感悟其中所包含的禅意、禅机，体会普贤菩萨的行愿精神，具有净化心灵、完善人格之功，真正从佛教文化中受益。峨眉山慈善康养中心正是这样一个以弘扬“五妙共品”文化为主要内容，为信众、游人提供康养服务的机构。通过习练峨眉武术、

品味峨眉茶道、抄经坐禅等活动，让大众达到“三养”（养身、养生、养心）的目的，最大限度地满足信众、游人的身心需求，使峨眉山不仅成为大众游览观光之地，也成为他们心灵的家园。普贤文化是峨眉山传承千年的文化，具有独特性和普遍性，不仅是中国的，更是世界的。峨眉山慈善康养中心的建立，不仅将“中国国际佛教文化旅游目的地”的“国际”和“佛教文化”两个要素落到实处，成为其重要内涵，更为峨眉山佛教文化增添了新的元素。

峨眉山慈善康养中心建成后，将为大众提供以“五妙”为内核、“三养”为目标的康养服务，老年人以及需要调节身心的中青年群体可在此“准老年大学”调养身心，提高自我的幸福指数。具体包括以峨眉武术、瑜伽、太极拳为主的养身文化，养身以动为主，包括形体锻炼、体育健身及健身气功，目的在于强壮筋骨、延年益寿；以佛教素斋、中医保健为主的养生文化，即通过各种方法颐养生命、增强体质、预防疾病；以佛教音乐、佛教香道、佛教茶道、佛教诗画、佛教禅修为主的养心文化，以调和身心、平静心灵、止息烦恼、给内心带来平静与觉醒，达到深刻而安定的喜悦，甚至改变气质，得到无上智慧。

“三养”之间各有侧重，养身重在身体筋骨的强健，养生重在生活的丰富，养心重在内心的安宁澄静；但三者又有机统一，相互渗透，如习练武术既能强身健体，又能丰富生活，更能通过武德的培养、动静合一的修炼，培养道德自律，实现身心双健之目标。

三、建立普贤修学体系

峨眉山佛教的核心是普贤行愿精神，其修行法门体现在普贤十大愿，我们建设“三个中心”的根本目的，就是为天下佛子建立一个普贤修学体系。

“三个中心”的理念，即以金顶华藏寺为代表的高山段寺院表征普贤菩萨的头部，为朝圣中心，代表“佛宝”；以万年寺、洗象池为代表的中山段寺院表征普贤菩萨的心脏，为修学行持中心，代表“法宝”；以大佛禅院、报国寺为代表的低山段寺院表征普贤菩萨之足，为文化教育中心，代表“僧宝”。

千里之行，始于足下。作为普贤菩萨的“足”，大佛禅院等寺的意义主要在于认识普贤信仰的基础及其功能。普贤菩萨十大愿的前三愿：一者礼敬诸佛，二者称赞如来，三者广修供养。这三大愿恰恰可以在大佛禅院体现。

三界唯心，万法唯识。作为普贤菩萨的“心脏”，万年寺等寺院的意义在于进入普贤信仰的内心层面。普贤菩萨十大愿中有四愿：四者忏悔业障，五者随喜功德，六者请转法轮，七者请佛住世。佛教以治心而闻名，养心与调心是佛教给予世间的最大愿力。这四大愿都是锻炼心力的，围绕着如何调治心态而进行，所以心力是从这里开始练起的。

信为道源功德母。作为普贤菩萨的“头”，金顶华藏寺等寺的意义则在于达到了普贤信仰的圆满境界。普贤菩萨十大愿的后三愿是：八者常随佛学，九者恒顺众生，十者普皆回向。金顶代表头部，头脑是智慧的所在，到了金顶就要开智，要向所有能够施予自己智慧的人学习。当你放弃小我，实现大我时，众生与你就结成一体了，你给众生的功德，众生同样也会回报你，你所得到的功德是汇集众生的大功德，集众生的智慧于一身，因此，整个修学体系的学习至金顶方能觉行圆满。

总之，与时俱进是中国佛教的特质与品格，也是佛教传入中国两千多年来能够生存并能保持旺盛生命力的根本原因。佛教传入峨眉山也已近两千年。峨眉山佛教在自身的发展过程中一直保持本有的特色，这个特色就是普贤信仰。当前，中国已进入一个新的历史发展时期，佛教生存的外部环境也发生了日新月异的变化。面临着种种挑战和机遇，峨眉山佛教应当准确把握时代发展的脉搏和特征，勇于探索创新，开创佛教事业发展的新局面。但是，无论如何变化，普贤信仰的根本精神永远不会改变，爱国爱教、庄严国土、利乐有情的精神底色也永远不会改变。我们竭力维护峨眉山的清净庄严、发展康养事业、建立普贤修学体系，正是顺应时代潮流，弘扬独具特色的峨眉山佛教文化，这必将对社会经济文化的发展起到积极作用，也将对促进社会和谐、家庭和美、人心和顺做出佛教界应有的贡献。

注释：

①“三云三水”：普贤寺改名白水寺，华藏寺改名黑水寺，华严寺改名归云寺，中峰寺改名集云寺，牛心寺改为卧云寺。

②“一座名山”即峨眉山，“三个中心”即朝圣中心（以金顶华藏寺为代表）、修学行持中心（以万年寺、洗象池为代表）、文化教育中心（以大佛禅院、报国寺为代表），“五妙共品”，“五妙”即峨眉山的音乐、茶道、素斋、武术、诗画。

永寿：中国佛教协会副会长，四川省佛教协会会长，峨眉山佛教协会会长，四川省人大常务委员会委员，峨眉学研究会顾问。

峨眉“银色界”

——读《峨眉纪游》兼谈释儒之理

周　齐

摘　要：清末浙江诸暨人楼藜然至四川为官，曾游峨眉山，写下游记《峨眉纪游》，考证峨眉山在《禹贡》中为蒙山之首。阅读《峨眉纪游》，读者犹如亲至，领悟佛家和儒家在漫长的历史长河中相互吸收和融合、释儒一理的机理。

关键词：峨眉山　峨眉纪游　释儒之理

尝闻：“五台‘金色界’，峨眉‘银色界’。”怅然不明因何缘起，今读《峨眉纪游》方才释然。所谓“银色界”实乃得之于峨眉观云之妙境：

> 从光明岩胁直达天际，一望无涯，映日微红。与天接，仍判为二，天色碧，云色白，中有彩霞间之，精光夺人目。或飞花滚雪，涌出万顷银涛，或擘絮散绵，铺成一片玉地，名曰“银色界”。信不诬也。

一、读《峨眉纪游》

《峨眉纪游》之作者为清末诸暨（今属浙江）人，姓楼，字蔷庵，名藜然。由于资料所限，其生卒年、家世、经历尚不清楚，仅从《峨眉纪游》（以下简称《纪游》）一书的前序后记中略知一二：其为官在清朝后期，曾宦蜀十余载，历宰剧邑，著此书时为汉州（清时属成都府）知州。

任职期间曾游日本，考视日本国政治状况，归国后著有《东游日记》。光绪三十四年（1908）避暑峨眉，著洋洋数万言之《峨眉纪游》。

这是一部未及收入以往志书的峨眉山游记，记述颇为详细生动。有后记者奉言："此书可以作为古格致家说看，可作末法地、水、火、风说观，可作上乘法、镫慧剑、照心性、破烦恼视，可作儒史学家地志谈，可作经学家《禹贡》（约成书于战国时期，被视为我国最早的一部科学价值很高的地理著作。笔者注，下略）蔡蒙注说，而且作政治学利用厚生读亦无不可。"言或有过，然阅读此书，似乎言亦有中。作者学识广博，文笔流畅，对于登攀峨眉的沿途所见，尤其对佛教踪迹无不详加述说，其间穿插种种议论，亦不乏精彩；而且《纪游》的写作正处于我国历史上最后一个封建王朝的末期及民国的前夜，书中所绘所描的峨眉山佛教状况或许有某些特殊的意义，不失为了解峨眉山佛教发展史貌的重要著作。

峨眉上应"井"络（井：六十四卦之一），下直"坤"维（坤：六十四卦之一），所谓蜀都之重阻。不过"峨眉"之名在《禹贡》中还没有这样明确的称谓，亦不见于两汉志，并未与泰、华、衡、恒、嵩同登秩祀。故而《纪游》云：古时讲梁州之山即岷、嶓、蔡、蒙，昔时读《禹贡》梁州蔡、蒙之说，诸儒均指说是今之蒙山而言，惟故胐明谓蒙系蒙山，而蔡即峨山。楼氏考据晋常璩的《华阳国志》、任豫的《益州记》以及北魏郦道元的《水经注》所言及的峨眉的明确称谓及规范的位置认为，峨眉山在《禹贡》中为蒙山之首。书中还言，乐史（北宋文学家、地理学家）的《太平寰宇记》引张华（西晋大臣、文学家）《博物志》认为，峨眉一名"牙门山"。凡此诸说，或见于史志，《纪游》博引众说，又立己见。确实开卷有益，而令人悦读。

阅读《纪游》，读者即随着作者的脚步而遍观峨山，或令你如亲至，或令你神往，自当是由于峨眉资源的丰富。在这里显然是不可能多说的，仅列举二三，或许是其他志记中言之不详或未谈及的内容，亦权作未读此书的补阙。

《纪游》载，小刹圣积寺，即古慈福院，相传为轩辕问道处。殿中供普贤铜像，规模闳敞；左楼悬八卦铜钟，据说高九尺、径八尺（《峨眉山志》言，钟高二丈许，不知是否指同一物），为明别传和尚募铸；右峙有窣堵波，亦范铜为之，塔上铸佛四千七百尊，旁铸《华严经》全本（《峨眉山志》未言有佛及经），制工精细，乃永川万氏（华轩）施造。

又记，圣寿万年寺有三殿，毗卢正殿供明嘉靖时铜铸大佛三尊，中释迦，左文殊，右普贤。其后为“砖殿”，有铜铸丈六普贤像，耳大如箕，足踏径三尺之莲花，腹空，中安一二尺高的小铜佛数尊，如明王士性记中所言，系宋兴国年间铸。最后是“新殿”，殿中有砖墙，内藏“贝多叶书及舍利子”。不过该书作者未被允许一睹珍藏，更不敢奢想这些贝叶经书今可安在。

向上攀缘，又言有大乘寺，即古木皮殿，殿后立有一断铁碑，洞腹其实为木条支接，字为篆籀，人多不识，以往皆说为汉时法物，实则明嘉靖时嘉定知州康浩德撰，判官汪沦书。《纪游》作者“恐其弃久且泯”，虽然天气寒峻，齿冷至甚，亦剔藓拭泥，抽笔记写。《木皮殿记》载：

> 峨眉山有化成寺，时致岁殊，狼狈太甚，或以木皮蔽之，遂名木皮殿。……僧人法堂乃光复之，求记于余。

以下文字便是此位康刺史对于“寂灭之教”与“孔孟之术”的一番议论。其认为孔孟之术虽大益于世，却唯有知义理，能身体力行者感之；释教“固无益于世”，但有益于诸人。因为世之好佛者多惠人，惠人则轻利，轻利则与好义者近之，如此争斗之事可免矣；多好生，好生则博爱，博爱则与好仁者近之，如此则残忍之事可免矣；多计报感，计报感则祸福荣辱皆归于所履，如此无忌惮之事可免矣。又认为，尊佛氏之教者多于尊孔孟之教者的原因是佛教对一般人来说更为浅易，并且“使人皆有是念”，等等。如是之说很明显是站在统治者的立场，从为官一方者的角度对于孔孟之道与释氏之教及其政治利益关系发出的典型的观点。

关于“圣灯”“佛光”，《纪游》作者从科学的角度进行了分析与论述，他认为以往的游记或史志、艺文当中，“多缘佞佛好怪，不以常理求之”，并特别讥讽了何式恒“沾沾于有相无相之间”，还作了《佛光辨》，感而慨之：“小僧既不学，尚可原宥；佛教讲佛光，自当别论；而贤士大夫又不免为习俗所惑，实在可叹。其实在荒野为鬼火，在山坳为佛灯，不过是一磷之故。或者还有硫酸钡、磷酸钙、金刚石等亦有此特性。”《纪游》中还有多处涉及了植物、矿物、药学乃至光学的知识，表现出作者的学识广博，也反映出清末的官僚士大夫中不乏具有近代科学头脑的人士。

《纪游》后记者云，著者于佛教经史覃思殚精。阅读《纪游》，倒也略见一斑。其一表现在著者对于观音女相之缘由的专题论述。其引《佛祖统纪》中一则：唐德宗时，有尼号空姑，宿安国寺，中夜身光赫然，人谓是普贤。故因此例言：佛无定相，何不可女之？既而尽评诸家有关说法。其二则表现在一习“谈禅”玄论之中。所谓佛教本为劣根人说法，使其不为六尘六入所迷惑，然其宗旨在于了悟根本三妙明真性。作者进而认为，佛教言顿悟，即朱子一旦豁然贯通说之所本；言静坐，即陆学所本。

> 大致于《礼记》之《大学》《中庸》两篇，神离而貌合；至若西天二十七祖各传一偈，语意玄妙，则又似老氏之说，出入列、庄间。

又说，朱子虽为理学正宗，平日方攘斥佛老，然而其在南安闻寺钟声，亦悚然曰：

> 便觉此心把握不住。把握者何心，放失者又何心，已令人无从体解。
>
> 故论者谓，宋儒先入释教中，明心见性，深造有得，然后变貌改形，遁而之儒。

谈佛论儒，或展示学识，或体现精思。

无独有偶，《纪游》亦记录了与当时的金殿方丈月山法师相关的一番话。其时有同行者问：世传妙庄王有三女，长文殊、次普贤、次观音，一子即地藏，是否可信？月山法师回答：如此说法实为小乘之法。

> 在大乘法，释儒一理。当其入山求道，饥寒疾痨，枯坐蒲团，亦犹占毕寒窗，穷年孜矻，是曰普贤。普贤者，苦行也。苦行而得道，亦犹知类通达，诱民化俗，是曰文殊。文殊者，智慧也。有智慧而见下界蠢愚，如蛾扑火，如鸟投罗，遂生慈悲心。观音者，慈悲也。因慈悲而生普救心，犹禹、稷之饥溺天下。若曰：我不入地狱，谁入地狱？以拯拔无间为己任，是曰地藏。地藏者，发愿也。至于如来……从心所欲不逾矩矣，是之谓佛。释学为佛，儒学为圣。……千手千

眼，现身说法，皆幻化以悟众生耳，天下岂真有此怪相哉？儒者穷则独善其身，达则兼善天下，推己及人，佛旨本亦如是。

读文至此，笔者此心不免亦觉忒忒，诸如是论，何可避援墨入儒之嫌？其实，正如伟大的哲学家培根所说：你有一个苹果，我有一个苹果，交换之后，仍然是你有一个苹果，我有一个苹果。但是，你有一个思想，我有一个思想，交流之后，你我各自就不再只有一个思想。难道这不是也在说释儒交融之理吗？

二、兼谈释儒之理

此一“话头”是由《纪游》中月山方丈“释儒一理”的说法而引发的。

佛教自公元一世纪传入中国，就与本土的儒家思想发生了不可避免的交涉。俗世儒者中善其说者以为与孔子无异，故而说“儒释”；出家僧人善游外典者以为释儒本为一理，亦常言“释儒”。

佛教历经千载，以一种外来文化思潮融变为中国文化的一部分，并成为一种对社会历史产生不可忽视作用的力量，这在中国历史上是其他任何一种外来思潮都难以与之相比的。佛教作为独立的思潮及社会力量在与中国土生土长的宗教——道教的抗衡中，在某些历史条件下也显示了其特有的生命力，这一点在峨眉山佛教的发展历史上尤为特别。在宋代之前，峨眉山是个佛与道并行存在的场所，但是随着峨眉山“普贤道场”地位的确定，加之宋明几代皇帝的推崇和历代高僧法师的努力，至明朝，峨眉山就已经是无峰不寺、遍山菩萨了。当然世情并非皆同峨眉，社会思潮及势力的消长是社会历史诸多因缘和合而成就的，即所谓必然性与偶然性的辩证统一，远非优劣、高低等简单的类比可以明晰。就佛教而言，当其在发源地规模渐衰、日趋下行的时候，却在中华大地繁盛起来。这颗异国的种子在中国获得了生根、成长、结果的条件，而与儒、道呈鼎立之势。且不说佛道，即说释儒，不言而喻，亦定是自有其理的，起码有几点是清楚的。

其一，在其标榜的教义及其蕴含的宗旨上，佛教思想与传统的儒家思想有着可容性和可融性。两者虽然有出世入世的根本差别，但是佛教宣扬的悲天悯人，修道德、崇仁义，与儒家的“内圣”之道同为“道德宗教”“道德哲学”，故而有《牟子理惑论》的观点：“尧舜周孔，修世事世；佛与老子，无为志也。”故而有契嵩《原教论》的主张：或出或入，或默或语，“在乎所用”，皆为“君子之道”。

其二，从佛教传入后的发展看，它一开始就与占统治地位的中土思想直接地、密切地纠缠在了一起，渗透与排斥、对立与包容等的因缘和合，导致了彼此的不可分性。尽管其最初被等视为黄老方术，没有明确独立的地位，却因依附于大树而得以生存并扩大了影响。实际上，综观佛教在中国的发展及其与本土固有文化的交流，它与儒、道一开始就处于对峙状态，并通过媒介而相互作用。它不仅很早地与道教分庭抗礼，相互贬斥，而且与儒说处在长期的论战之中。释儒之间似乎表现了更多的“异”，然而哲学意义上的分析却表明它们之间存在着“一”。它们之间的斗争使得它们的界限在派别上似乎更加清楚了，而在思想上、在更深的层面上却越来越混淆了，从而形成相互吸收和融合的趋势。

其三，就传播媒介中最重要的人来说，佛教在中国的传播发展中存在着“载体”的双重性。在历代高僧大德中，不乏具有深厚儒学功底或者善游外典的人。像早期的康僧会、支道林、慧远、僧肇等对后世佛教发展起过重大作用的人皆是如此，其他的就不胜枚举了。儒林之中更有好佛习禅之士，即便是近现代的启蒙大师，也不免受佛学的影响，甚至将之作为理论基础之一。这在魏源、康有为、谭嗣同、梁启超、章太炎等人的思想著述当中是显而易见的。

其四，从佛道与王道的关系上看，佛教与标榜儒家为正统思想的统治者、王权相互之间具有可利用性。在这方面汇通释儒者当首推梁武帝萧衍。他之所以尊奉老、孔、佛为“三圣”，“孔释兼弘”，除“世间果报，不可不信”外，以三权同源来维持其统治是最根本的原因。隋文帝杨坚则认为“门下法无内外，万善同归；教有深浅，殊途共致”，表现得更为温和明智。至于佛教内部，道安“不依国主则法事难立”的告诫是再清楚不过的，佛教的兴衰与统治者的支持、崇尚有着很大的关系。当“仁道”与“菩萨行”协调一致时，也就有了“释儒”之说。

其五，不可忽视的一点是，佛教自东汉传入中土之后就一直努力保持着自身的相对独立性，无论是依附还是合流，都未能使其丧失独特性。佛理自是佛理，而绝非儒道。它保持了自身的个性，成为“释”，从而在更高层次上取得与“儒”的共性，才会出现“周孔即佛，佛即周孔”的说法，才会出现月山长老“释儒一理”的说法。

一位德国学者说过：当佛教第一次从印度传到中国的时候，就产生了变革的效果，经历了缓慢却深远的变革。在精神上，外来的任何思潮一旦被她吸收，反馈回来的必然只能是在原来的基础上更为丰富并加以改良的东西。

这实际上说明了我们伟大的民族拥有丰厚的文化土壤，拥有善于兼容并蓄、汲取各方营养来丰富自己的宽广胸怀。而这体现在佛教中，不就是其一贯倡导的宽容与博爱的精神吗？

周齐：中国社会科学院世界宗教研究所研究员。

唐宋文人与峨眉山僧人交游对峨眉山佛教传播的意义

陆兴忍

摘　要：唐朝著名诗人李白、骆宾王、白居易、韦应物、陈子昂、薛能、薛涛等，宋朝诗词家苏东坡、范镇、陆游、范成大等都曾游历峨眉山，与峨眉山僧人结下或深或浅的情谊，留下传唱千古的佳话。他们的交游和诗词唱和对于峨眉山佛教传播有重要意义，具体体现为：唐宋文人与峨眉僧人交游形成明星、名人效应，潜在地构建了大众的峨眉山情结；唐宋文人与峨眉山僧人交游诗词中的峨眉山僧人形象和梵宇静境构筑了大众向往的精神家园；唐宋文人与峨眉山僧人交游诗词中的佛语、佛理启迪了大众的佛思。

关键词：峨眉山　唐宋文人　佛教　僧人

佛教在东汉时传入中国，经过数百年的传播与融合，至初唐而发展顶峰。唐宋时期的统治者大多尊崇佛教，常通令全国各地广造佛寺、佛像，民间传经抄经亦十分流行，佛教意识深入人心，佛教文化渗透到各个层面。司马光在《戏呈尧夫》诗中曾感叹道："近来朝野客，无坐不谈禅。"[①]苏轼《书楞伽经后》云："近岁学者，各宗其师，务从简便，得一句一偈，自谓了证。至使妇人孺子，抵掌嬉笑，争谈禅悦。"[②]

唐宋文人士大夫大多儒释兼修或儒释道兼修，习佛成为一种文化时尚。

这些文人士大夫或将佛教题材融入诗词，或在诗词中参禅悟佛，或与僧人交游唱和。唐朝著名诗人李白、骆宾王、白居易、韦应物、陈子昂、薛能、薛涛等，宋朝诗词家苏东坡、范镇、陆游、范成大等都曾游历峨眉山，与峨眉山僧人结下或深或浅的情谊，如李白与广濬、陆游与别峰、怀古和尚（“九诗僧”之一）与其他八位诗僧等。他们的往来留下了传唱千古的佳话，他们的交游和诗词唱和对于峨眉山佛教传播有着重要意义。

一、唐宋文人与峨眉僧人交游述要

唐宋两朝最为杰出的诗人李白、苏轼都成长于四川，都游历过峨眉山，他们对峨眉山的书写与深切情意贯穿一生。唐朝大诗人李白出生于蜀郡绵州昌隆县（今四川省江油市青莲乡），儒释道兼修，自号青莲居士(维摩诘前世)。他的《答湖州迦叶司马问白是何人》诗云：“青莲居士谪仙人，酒肆藏名三十春。湖州司马何须问，金粟如来是后身。”可见他认可佛教而且相当熟悉佛教经典。他于唐开元十二年（724）秋仗剑辞亲，去乡远游，取道大江（今岷江），经水路出蜀，经过嘉州（今四川乐山市），在峨眉山光相寺结识了僧人广濬。广濬在经课之余尤喜弹琴。李白与之一见如故，谈吐相投，在该寺停留了一个夏天，才与广濬依依惜别。临别前，广濬送了一部陈子昂诗稿给李白，李白十分感动，写下《听蜀僧濬弹琴》。此外，李白还写有《登峨眉山》《峨眉山月歌》等吟咏峨眉山的诗篇。

北宋诗词家苏轼出生于峨眉山下的眉州，对峨眉山水有着割舍不断的情结。他的一生与佛禅的渊源极深，自号“东坡居士”，自称“吴越名僧与余善者十九”，《五灯会元》把他（“内翰苏轼居士”）列在临济宗南岳十三世“东林总长老法嗣”之内。宋英宗治平三年（1066），苏轼的父亲苏洵去世，苏轼回家守孝期间登临峨眉山。他来到峨眉山龙门飞瀑，见龙门峡两岸岩石卓立，色如碧玉，刻削光润，在距水面两丈的绝壁上有一圆洞，山中寺僧告诉他此即龙洞。苏轼借寺中书案，挥笔大书“龙门”二字，并刻于岩上。在白水寺，苏轼与寺里的僧人月下谈天，僧人向他讲游客寻仙遇仙，语之“但得身闲便是仙，何必刻意去寻找”的故事，苏轼得诗《白水寺》曰：“但得身闲便是仙，眼前黑白漫纷然。请君试向岩中坐，一日真如五百年。”此后，离开家乡的苏轼多次在诗词中吟咏峨眉山，寄寓乡愁。如《雪斋》："君不见峨眉山西雪千里，北望成都如井底。春风百日吹不消，五月行人如冻蚁。"《秀州报本禅院乡僧文长老方丈》："万里家山一梦中，吴音渐已变儿童。每逢蜀叟谈终日，便觉峨眉翠扫空。"《法惠寺横翠阁》："朝见吴山横，暮见吴山纵。……春来故国归无期，人言悲秋春更悲。已泛平湖思濯锦，更看横翠忆峨眉。"《卢山五咏（之五）》："长安自不远，蜀客苦思归。莫教名障日，唤作小峨眉。"虽记挂家乡峨眉，却无法再回到家乡，逝后其子按其遗愿，将其葬于"汝州郏城嵩山小峨眉山"。[③]可见苏轼对峨眉的深深眷恋。

南宋诗人陆游亦是儒释道兼修，尤其是其绍兴家族长辈笃信玄学，使他从小就受到佛道思想的熏陶。他广交佛门僧侣，写有大量涉及佛教内容的诗作，如《不睡》："虚窗忽报东方白，且复翻经绣佛前。"南宋乾道九年（1173）陆游摄知嘉州（今乐山市）时，与峨眉山中峰寺住持别峰禅师结下了深厚的友谊。二人虽然相差十五岁，却言语相投，品茶纵论儒释道，还约定待陆游辞官后，一道结茅青衣唤鱼潭上。可惜誓约未履，别峰禅师即于绍熙元年（1190）以八十二岁高龄圆寂。其法孙宗愿于绍熙三年（1192）赴山阴镜湖寻找陆游，请他为别峰禅师撰书塔铭。已经六十七岁、体弱多病的陆游挥笔写下《别峰禅师塔铭》，深情地记述了别峰禅师的生平与功德。

与陆游同时期的南宋诗人范成大，号石湖居士，更是对峨眉山推崇备至，他在《小峨眉并序》一诗中写道："三峨参横大峨高，奔崖侧势倚半霄。龙跧虎卧起且伏，旁睨沫水沱江朝。"游光相寺，作《光相寺》曰："峰顶四时如大冬，芳花芳草春自融。苔痕新曦六月雪，木势旧偃千年风。云物为人布世界，日轮同我行虚空。浮生元自有超脱，地上可怜悲攘蓬。"范成大在牛心寺看到继业三藏遗留的《涅槃经》，每卷后有祖师所记的天竺地名、里程、风土人物等，赞叹道："虽不甚详，然地理大略可考，世所罕见。"（《吴船录》卷上《峨眉山牛心寺》）

其他诗人如唐朝白居易早期儒佛道兼修，最终皈依佛教，号香山居士。他认为儒释无别："儒门、释教，虽名教则有异同，约义立宗，彼此亦无差别。所谓同出而异名，殊途而同归者也。"[④]其《赠杓直》自言："早年以身代，直赴逍遥篇。近岁将心地，回向南宗禅。外顺世间法，内脱区中缘。”他在《和梦游春诗一百韵并序》中称自己与元稹均“外服儒风，内宗梵行”。他于唐元和十四年（819）任忠州刺史，诗作中倾述了对峨眉山秀色、峨眉山风物的赞叹、喜爱之情。例如，《平羌道中望峨眉山慨然有作》：“白云如玉城，翠岭出其上。异境忽堕前，心目久荡漾。别来二百日，突兀喜亡恙。飞仙遥举手，唤我一税鞅。此行岂或使，屏迹事幽旷。何必故山归，更破万里浪。”《赠薛涛》：“峨眉山势接云霓，欲逐刘郎此路迷。若是剡中容易到，春风犹隔武陵溪。”《谢李六郎中寄新蜀茶》：“故情周匝向交亲，新茗分张及病身。红纸一封书后信，绿芽十片火前春。汤添勺水煎鱼眼，末下刀圭搅曲尘。不寄他人先寄我，应缘我是别茶人。”

另外，宋初“九诗僧”中的希昼、惟凤、怀古三位是蜀地人，其中怀古为峨眉县人，少年出家于峨眉山中峰寺。其他六位分别是金华保暹、南越文兆、天台行肇、沃州简长、淮南惠崇、江南宇昭。[⑤]“九诗僧”既是僧人，也是诗人，他们虽分处各地，但交往甚多，常相邀同游，留下大量赠答诗。他们云游四方，结交各阶层人士，上自公卿，下至处士。他们与诗人陈充关系密切，也因陈充编辑《九僧诗集》并为之作序而得名。

上述与峨眉僧人交游的唐宋文人，一则为当时影响比较大甚至名噪一时的文人学士；二则他们皆熟悉并亲近佛教，有的甚至皈依佛教；三则他们大多游览过峨眉山并与峨眉僧人有不同程度的交情；四则他们都留下了不少关于峨眉山的文字。他们与峨眉僧人的交游、诗词唱和对峨眉山佛教的传播有着重要意义。

二、唐宋文人与峨眉僧人交游对峨眉山佛教传播的意义

（一）唐宋文人与峨眉僧人交游形成明星、名人效应，潜在地构建了大众的峨眉山情结

诗人李白生前即声震天子、名高士林、诗布天下，他的诗作“集无定卷，家家有之”。他在诗坛的翘楚地位是唐代其他大诗人难以企及的。连唐玄宗也声闻其名，将其“召入翰林。以其才藻兼茂，欲以上位处之，故未命以官”[⑥]。李白“初自蜀至京师”时，“贺监知章闻其名，首访之”[⑦]。

贺知章得李白《蜀道难》，“读未竟，称叹者数四，号为‘谪仙’”；又在见其《乌栖曲》后，不禁叹赏“此诗可以泣鬼神矣”。[8]同是大诗人的杜甫对李白发自内心地钦佩，言李白“笔落惊风雨，诗成泣鬼神”（《寄李十二白二十韵》），“高谈雄辩惊四筵”（《饮中八仙歌》）。其他诗人如韩愈言“李杜文章在，光焰万丈长”（《调张籍》），释贯休言“常思李太白，仙笔驱造化”（《古意》），释齐己言李诗“锵金铿玉千余篇，脍吞炙嚼人口传”（《读李白集》）。可见当时人们对李白的仰慕和崇拜。李白一生大部分时间皆在漫游中度过，他的行踪遍及大半个中国，所到之处，广交朋友，《李太白全集》中提到姓名的就有四百多人，郁贤皓《李白丛考》中考明与李白交游的有四十多人。与李白经常交往的都是同时代较为出名的诗人，如孟浩然、杜甫、孔巢父、崔宗之、贺知章、裴迪、王昌龄、岑伦、裴隐、元丹丘、贾至等。以李白的“明星效应”和巨大号召力，他对峨眉山和峨眉山僧人的吟咏必会引起人们的关注和向往。如《峨眉山月歌》把峨眉山月视为故乡的象征，抒发了对故乡缠绵似水而又刻骨铭心的思念之情，传诵千古，被赞叹为“神韵”（明李攀龙《唐诗广选》）、“灵机逸韵”（明周敬、周珽《唐诗选脉会通评林》）、“熔化入神”（清应时《李诗纬》）、“神韵清绝”（清黄叔灿《唐诗笺注》），无形中激发了大众对峨眉山的美好向往之情。

北宋文人苏轼诗、词、赋、散文成就均极高，且善书法和绘画，是中国文学艺术史上罕见的全才，也是中国数千年历史上被公认为文学艺术造诣最杰出的大家之一。他二十二岁就名震京师，由文豪欧阳修提携步入仕途。他一生辗转大半个中国，虽屡遭贬谪，却始终坚持“达则兼济天下，穷则独善其身”。他不仅才华横溢，而且个性平易、旷达大度，以刚直博爱之心为政为民、待人处世。他自称“上可陪玉皇大帝，下可以陪卑田院乞儿”，“眼前见天下无一个不好人”。[9]即使在他生活的时代，上自皇帝，下至农夫，都为之倾倒。据苏辙《东坡先生墓志铭》，苏轼逝世后，“吴越之民，相与哭于市，其君子相吊于家。讣闻四方，无贤愚皆咨嗟出涕。太学之士数百人，相率饭僧慧林佛舍。”[10]士大夫们写了许多祭文，李方叔的祭文谓：“道大不容，才高为累。皇天后土，鉴平生忠义之心；名山大川，还千古英灵之气。识与不识，谁不尽伤；闻所未闻，吾将安放？”（宋朱弁

《曲洧旧闻》）据说，这几句祭文当时“人无贤愚皆诵之”，可见苏轼非凡的人格感召力。林语堂先生曾评价说：“像苏东坡这样的人物，是人间不可无一难能有二的。”[11]与李白一样，苏轼对峨眉山的乡思和赞誉势必会对大众造成影响，使他们对峨眉山有更深的认识和向往。如陆游少时即有游历巴蜀之意：“余少读地志，至蜀汉巴僰，辄怅然有游历山川、揽观风俗之志。私窃自怪，以为异时或至其地以偿素心，未可知也。”[12]

陆游是南宋诗坛一代领袖，在中国文学史上享有崇高地位。他在生前即有“小李白”之称，“年十二能诗文，荫补登仕郎，锁厅荐送第一”，“游善词章，谙典故”（《宋史·陆游传》）。张昊《会稽续志》中说：“（陆游）自少颖悟，学问该贯，文辞超迈……尤熟识先朝典故沿革，人物出处，以故声名振耀当世。”陆游生活的时期，正值南宋王朝偏安一隅，他的诗词散文中气吞山河的爱国热情，为国家统一而呐喊的战斗精神感染和激励了一代代的人。而他在嘉州时期交游的别峰禅师是宋代高僧圆悟大师的嫡传弟子。别峰禅师学识渊博，在认识陆游时已是早有盛名的佛门长者。他“世居峨眉之麓，少而奇警，日诵千言。然不喜在家，乃从德山院清远道人得度。成童时，已博通六经及百家之说。至是，复从华严超信诸名师，穷源探赜，不高出同学不止”[13]。在峨眉山中峰寺讲经说法，“道望日隆，学者争归之，虽悟、印二师（圆悟、密印二师）不能掩也”[14]。

李白、苏轼、陆游、别峰禅师等名人对峨眉山的吟咏可以在社会上形成一种“晕轮效应”。所谓晕轮效应，是指一个事物如果被认为具有某种特点，也往往被认为具有其他特点，即人们会把对一个事物的印象迁移、扩散到另外一个事物之上。李白、苏轼、陆游、别峰禅师等都具有正面的、昂扬向上的、才气横溢的特质，因而人们也往往会把这种特质扩散到他们所吟咏、称道的峨眉山、峨眉山佛教上去，从而对峨眉山、峨眉山佛教产生好感、认同甚至形成峨眉山情结。另外，完形心理学也揭示了人们倾向于把事物知觉为一个相互联系的整体的感知体验。由于李白、苏轼、别峰禅师等名人出生并生活于四川峨眉山附近，人们往往将他们的形象和峨眉山联系起来，把名人和峨眉山看成一个整体来认知，这样名人身上的品质无形中也附着在与他们紧密联系的峨眉山上面，这就大大缩短了人们对峨眉山的心理距离，对于峨眉山、峨眉山佛教赢得人们的亲近、向往、喜爱善莫大焉！

（二）唐宋文人与峨眉僧人交游诗词中的峨眉僧人形象和梵宇静境构筑了大众向往的精神家园

李白《听蜀僧濬弹琴》："蜀僧抱绿绮，西下峨眉峰。为我一挥手，如听万壑松。客心洗流水，余响入霜钟。不觉碧山暮，秋云暗几重。"来自峨眉峰的蜀僧广濬抚响名琴绿绮，他的琴技非常了得，如万壑松林在风中起伏，听得李白心潮澎湃，不知不觉间暮色已来临，而余音融入秋色中，随晚钟回响，让人回味无穷，洗去游客身上的疲惫、尘埃，只留下高山流水般的情谊和道不尽的留恋……从李白听琴声的入神，人们可以感觉到李白对蜀僧广濬琴艺的赞许和他们的深挚情谊。蜀僧广濬不仅是个会念经持课的僧人，还是个极富魅力、技艺超群的艺术家。人们读到此诗，赞叹之情油然而生！

而与陆游交游甚深的别峰禅师更是德高望重、名震当世，他"十坐道场，心法之宗。渊识雄辩，震惊一世，矫乎人中龙也！海口电目，髦期称道，卓乎洞壑松也！叩而能应，应已能默，浑乎金钟大镛也！师之出世，如日在空。隐于崦嵫，其可以为终乎？"[15]别峰禅师不仅对佛教界深有影响，也对文人、学子产生了很大影响："住正法，道既盛行，士大夫亦喜从之游"[16]。此外，宋初"九诗僧"之一希昼《寄怀古》言"遥知林下客，吟苦夜禅忘"，描述了峨眉山僧人怀古热爱写诗，每每为觅佳句而深切求索的情状。

诗人笔下的别峰禅师、怀古和尚是如此才华卓绝，加之李白和陆游等都是名人，他们的言谈文字必然会对民众的思想、信仰产生广泛的影响，因此无论是李白、陆游，还是别峰、怀古，他们的言谈举止、风范嗜好，他们游历、生活过的地方必然成为人们的向往之地。明代，万年寺僧人在明月池畔修筑了李白听琴处，正体现了人们对李白的追慕。

描绘峨眉山风光与梵宇静境的诗作亦有许多。李白《登峨眉山》："蜀国多仙山，峨眉邈难匹。周流试登览，绝怪安可悉？青冥倚天开，彩错疑画出。泠然紫霞赏，果得锦囊术。云间吟琼箫，石上弄宝瑟。平生有微尚，欢笑自此毕。烟容如在颜，尘累忽相失。倘逢骑羊子，携手凌白日。"

其《上皇西巡南京歌》说："四海此中朝圣主，峨眉山下列仙庭。"唐朝诗人司空曙《送张炼师还峨嵋山》："太一天坛天柱西，垂萝为幌石为梯。前登灵境青霄绝，下视人间白日低。松籁万声和管磬，丹光五色杂虹霓。春山一入寻无路，鸟响烟深水满溪。"这些诗都尽情描述了峨眉山为超凡脱俗、清静优美的仙境圣地。唐朝诗人薛能（嘉州刺史）在《圣灯》中描述了他在峨眉山上看到的圣灯奇观："莽莽空中稍稍灯，坐看迷浊变清澄。须知火尽烟无尽，一夜栏边说向僧。"峨眉山的"圣灯"又名"佛灯"，和"佛光"一样大有名气，比起"佛光"来更难得一见。薛能描述的圣灯神秘而又有迹可寻，如梦似幻，让人神往。南宋范成大也生动地记叙了遇到"佛光"的经历："有顷大雨倾注，氛雾辟易。僧云：'洗岩雨也，佛将大现。'兜罗绵云复布岩下，纷郁而上，将至岩数丈辄止。云平如玉地，时雨点有余飞。俯视岩腹，有大圆光偃卧平云之上，外晕三重，每重有青黄红绿之色。光之正中，虚明凝湛，观者各自见其形现于虚明之处，毫厘无隐，一如对镜，举手动足，影皆随形，而不见旁人。僧云：'摄身光也。'此光既没，前山风起云驰。风云之间，复出大圆相光，横亘数山，尽诸异色，合集成采。峰峦草木，皆鲜妍绚蒨，不可正视。云雾既散，而此光独明，人谓之'清现'。凡佛光欲现，必先布云，所谓兜罗绵世界。光相依云而出，其不依云，则谓之'清现'，极难得。"（《吴船录》卷上）诗人的描述是这样的细腻传神，加之如此奇幻难得之景致，难道不能激起人们想要去峨眉山体验一番的冲动吗？

（三）唐宋文人与峨眉僧人交游诗词中的佛语、佛理启迪了大众的佛思

北宋初年活跃在文坛的"九诗僧"虽然分处各地，但常相互往来，诗词唱和。北宋文学家欧阳修曾在《六一诗话》中记述："国朝浮图以诗名于世者九人。故时有集号《九僧诗》，今不复传矣。余少时，闻人多称之。"[17]从欧阳修话中可知，"九僧"在当时还颇有文名。他在题作《九僧诗》的杂记中写道："近世有《九僧诗》，极有好句，然今人家多不传。如'马放降来地，雕盘战后云''春生桂岭外，人在海门西'，今之文士未能有此句也。"[18]黄庭坚对"九僧"也给予较高的评价，《后山诗话》引黄庭

坚的评论曰："黄鲁直谓白乐天云'笙歌归院落，灯火下楼台'，不如杜子美云'落花游丝白日静，鸣鸠乳燕青春深'也；孟浩然云'气蒸云梦泽，波撼岳阳城'，不如'九僧'云'云中下蔡邑，林际春申君'也。"[19]宋末江湖诗派的"永嘉四灵"远继"九僧"衣钵，可见"九诗僧"在宋代颇有影响。

"九诗僧"之一峨眉僧人怀古的《草》曰："漠漠更离离，闲吟笑复悲。六朝争战处，千载寂寥时。阵阔围空垒，丛疏露断碑。不堪残照外，牧笛隔烟吹。"视野开阔，未用佛语，却含佛理：千秋帝王伟业更迭，无穷的征战终究成空。因为以佛家法眼观之，一切莫不如过眼云烟与微尘末芥，变幻无常。《烂柯山二首》："仙家轻岁月，浮世重光阴。白发有先后，青山无古今。局终柯已烂，尘散海尤深。若觅长生路，烟霞无处寻。""王质烂柯事，传闻不在疑。百年容易客，一局等闲棋。此著有谁见，无言只自知。石桥南畔路，依旧日斜晖。"以一系列仙家与俗众、短暂与久长等物事的对比，并将求道所需要的执着与正信融入其中而让人自有所悟。又如《寺居寄简长》："雪苑东山寺，山深少往还。红尘无梦想，白日自安闲。杖履苔花上，香灯树影间。何须更飞锡，归隐沃洲山。"营造了一种幽冷空明、自在安闲的意境，传达出一种诸法无我、本无性空的禅思佛趣。与之交游的天台诗僧行肇的《送怀古师归蜀》曰："山落云阳外，去程寒接巴。剑江连汉直，栈阁挂空斜。听锡樵停斧，窥禅鸟立槎。旧房春到晚，深径始开花。"通过对沿途所见景物的自然呈现传达出随遇而安、随缘悟道的禅理，正所谓"木石有性，真如遍在"，"一花一世界，一叶一如来"。这些交游诗词无疑启迪了大众的佛学思考。

综上所述，唐宋文人与峨眉僧人的交游和诗词唱和对峨眉山佛教的传播有重要意义。同时，我们也应看到，唐宋文人与峨眉僧人的交游和诗词唱和对唐宋文人也有重要意义。一方面，唐宋文人在游览峨眉山及其庙宇，以及与峨眉僧人的交往中，可以在相当程度上缓解他们求仕、务仕的巨大精神压力。进则儒家，退则释道，他们在饱览大好风光和参禅悟佛中获得心灵的宁静和精神的平和，能够以更加旷达、超脱的态度看待人生的困厄与挫折。另一方面，唐宋文人一般都熟读儒释道的经典著作，在此基础上，他们对峨眉山及其庙宇的游览，以及与峨眉僧人的交往，可以加深他们对佛教经典的理解，同时峨眉僧人的见解也可能给他们某种思想启示，这些都可能内化于他们的思想意识中，成为他们创作的灵思，有时候甚至直接影响到他们创作风格的形成和作品的深度、广度。

注释：

①司马光：《温国文正司马公文集》卷十五，《四部丛刊》本，台湾商务印书馆，1981年，第51页。

②苏轼：《苏轼文集》第66卷，中华书局，1986年，第2085页。

③《郏县志》记载：苏东坡"尝爱郏山形胜类其乡，遂有终焉之志"。见清同治三年《郏县志》，河南美术出版社，1983年。

④白居易：《三教论衡》，《白居易集》卷六八，中华书局，1979年。

⑤何文焕：《历代诗话》，中华书局，1981年，第280页。

⑥⑦《本事诗》，《太平广记》卷二〇一，中华书局，1961年，第1512页。

⑧丁福保：《历代诗话续编》，中华书局，1983年，第14—15页。

⑨贾似道：《悦生随抄》，《宋人轶事汇编》卷十二，中华书局，1981年，第604页。

⑩苏辙：《东坡先生墓志铭》，《苏轼诗集》中华书局，1982年，第8册，第2813页。

⑪林语堂：《苏东坡传》，张振玉译，陕西师范大学出版社，2005年，第5页。

⑫陆游：《东楼集序》，《渭南文集》卷十四。此序作于乾道九年（1173），其时陆游在嘉州。

⑬⑭⑮陆游：《别峰禅师塔铭》，《渭南文集》卷四十，中华书局，1976年，第2381页。

⑯贾似道：《悦生随抄》，《宋人轶事汇编》卷十二，中华书局，1981年，第604页。

⑰⑱欧阳修：《六一诗话·白石诗话·滹南诗话》，人民文学出版社，1962年，第8页。

⑲何文焕：《历代诗话》，中华书局，1981年，第303页。

陆兴忍：武汉纺织大学艺术与设计学院讲师。

峨眉山万年寺普贤铜像考

田怀清

摘　要：峨眉山是中国佛教四大名山之一，相传为普贤菩萨应化的道场，普贤骑象铜像在今峨眉山万年寺内。此文详述了普贤骑象铜像的来历、意涵、价值。

关键词：峨眉山　万年寺　普贤铜像

万年寺位于四川峨眉山市西南，峨眉山观心岭下，海拔约 1020 米，是峨眉山主要寺庙之一，历史悠久，建筑规模宏大。明袁子让《游大峨山记》云：

> 禅寺视山中诸道场为独大，中为正殿，普贤丈六金身在焉。前围廊庑，后绕寝阁，山水虽奇出，实天地一大观也。修于世庙时，旋复就毁，去年奉慈圣诏，遣中贵二鼎新一创之，尽革其故。今年七月，大功告成。上差中使立碑，御书题其额曰“圣寿万年寺”，盖为慈圣祝禧之意。

清蒋虎臣《峨眉山志·寺观》记载，万年寺即白水寺，系昔蒲氏事佛旧地。寺创自晋时，唐慧通禅师精修（更名白水寺），在宋为白水普贤寺。明嘉靖年间旋修旋毁，万历年间敕改圣寿万年寺。寺前有大峨楼（四会亭灵官楼），楼前有“南戒名宗坊”，左竖“祇树林坊”。寺内殿凡七层，一毗卢，一七佛，一天王，一金刚，一大佛，一砖砌旋螺，一接引殿。

峨眉山佛教协会编《峨眉山》一书云：

> 相传万年寺为东晋末恭帝元熙二年（420），慧持开建的普贤寺。

慧通于唐僖宗光启三年（887）重建，改名白水寺。宋太平兴国五年（980）二月，茂真禅师扩建，改名白水普贤寺。寺内敕铸普贤铜像，通高7.85米，象身长4.7米，重62吨。寺内还有太宗、真宗、仁宗三朝御赐的供器。明万历二十七年（1599）失火，寺庙及器物荡然无存，仅铜像未损。万历二十八年（1600）奉慈圣诏，遣中贵二人，赐金修复。僧台泉仿印度热那寺样式，建无梁砖殿。万历二十九年（1601）七月竣工，神宗赐额“圣寿万年寺”。殿为穹窿结构，殿中立普贤骑象铜像。殿壁两侧上方有横龛，上三层供铁佛三千；下三层供五百罗汉。

从以上记载来看，万年寺最初叫普贤寺，始建于东晋元熙二年（420），距今已有1500多年的历史。

峨眉山万年寺普贤骑象铜像是万年寺内最珍贵的一件文物，是万年寺镇寺之宝，也是峨眉山镇山之宝。1983年5月，在国家文物局西南文物培训中心的帮助下，笔者同云南省博物馆的罗钰先生一道对万年寺等寺庙做了一次实地考察。万年寺普贤骑象铜像，通高7.85米，重62吨。普贤菩萨为贴金铜像，头戴双层五佛金冠，身披袈裟，袒胸，双目微闭，嘴角略微内收，端庄优美，神态安详，手执如意，趺坐于莲花宝座上。普贤菩萨骑坐之六牙白象，大耳长牙，象鼻垂地，象背佩鞍，彩带髻头，十分华贵。白象四腿直立，足踏三尺莲座，结构严谨，造型精致，风格写实。关于万年寺普贤骑象铜像的铸造年代，南宋僧人志磐著《佛祖统纪》记载：

（宋太宗）太平兴国五年正月……敕内侍张仁赞往成都铸金铜普贤像，高二丈，奉安嘉州峨眉山普贤寺之白水，建大阁以覆之。

宋代著名诗人范成大于宋淳熙年间（1174—1189）游峨眉山后，在《峨眉山行纪》中写道：

甲午，宿白水寺……谒普贤大士铜像，国初敕成都所铸……云普贤居此山，有三千徒众共住，故作此佛，冶铸甚朴拙。

明代王士性《游峨眉山记》云：

上四会亭，为白水寺。寺有宋兴国年铸普贤骑白象像，并赐袈裟宝环，傍有三千铁佛，廊庑鳞集，此壮丽之穷也。

蒋虎臣在《峨眉山志·高僧》中说：

宋高僧茂真，居白水寺。太平兴国五年二月，奉诏入朝，太宗赐诗美之，馆于景德寺。舒王元珍以梦兆谕真，真曰，当有储嗣，果育仁宗。既归，重兴五山六寺等，遣张仁赞赍黄金三千两，于成都铸普贤大士像，高二丈六尺，至今供养。

上述文献称万年寺普贤骑象铜像铸于宋太平兴国五年（980）。而据胡昭曦先生考证，万年寺普贤骑象铜像铸于宋太平兴国五年（980）至大中祥符五年（1012）之间。这一结论是正确的。宋太宗于太平兴国五年赐黄金三千两铸普贤像无疑，但铸像工程浩大，还需进行科学设计、备办铜料、邀请良工铸造等。关于铸造一尊62吨重的铜像的原料和技术性问题，据有关专家分析，白莲台以上为黄铜制，六牙白象为青铜制，当为分块铸成。每块均铸子母扣，施以铆钉，然后再用铜汁焊缝。象脚分段铸造。象腹、莲台、普贤像均为中空，以置佛经。象肩内有铜制井字形支架，宽约六寸，厚约二尺。为了支撑象鼻，象鼻内安有铜条四根，直径一寸。铜像的大部分铸件估计是在峨眉地区铸造的，而其精致部分（如普贤菩萨头上的花冠）则在成都铸造。通过对万年寺普贤骑象铜像铸造过程的分析，不难看出，重达62吨的普贤骑象铜像能够成功铸造，反映了宋代四川劳动人民的聪明才智和高超的铸造技术。这件佛教艺术精品是劳动人民的智慧结晶。

峨眉山万年寺普贤骑象铜像的铸造参照了佛经对普贤菩萨的记载。普贤菩萨是佛教四大菩萨之一。普贤是梵文“Samantabhadra”的意译，亦译“遍吉”，音译“三曼多跋陀罗”。《大日经疏》说：

普，是遍一切处；贤，是最妙善义。谓菩提心所起愿行，遍一切处，纯一妙德，备具众德，故以为名。

《第二菩萨经迹》解释说：

普贤菩萨，证穷法界，久成正觉，为辅助释迦，脱度众生，隐本垂迹，现菩萨相。其德无量无边，不可思议，今且约“普贤”二字，以示其概。

普贤的职责就是将佛门推崇的“善”普及到一切地方。关于普贤的形象，《妙法莲华经·普贤菩萨劝发品》记载：

尔时普贤菩萨白佛言：世尊，于后五百岁浊恶世中，其有受持是经典者，我当守护……是人若行若立，读诵此经，我尔时乘六牙白象王，与大菩萨众，俱诣其所，而自现身，供养守护，安慰其心……

《佛说观普贤菩萨行法经》云：

普贤菩萨生东方净妙国土……以智慧力化乘白象。其象六牙七支拄地。其七支下生七莲华。象色鲜白。……从象耳出至象颈上，渐渐上至象背，化成金鞍，七宝校具。于鞍四面有七宝柱，众宝校饰以成宝台。台中有一七宝莲华，其莲华须百宝共成。其莲华台是大摩尼。有一菩萨结跏趺坐，名曰普贤。

《楞严经·圆通品》记载：

普贤菩萨白佛言：我与恒沙如来为法王子，十方如来教其弟子菩萨根者修普贤行，从我立名……若于他方恒沙界外，有一众生，心中发明普贤行者，我于尔时乘六牙象，分身百千，皆至其处，纵彼障深，未得见我。我与其人，暗中摩顶，拥护安慰，令其成就。

《八大菩萨曼荼罗经》记载普贤菩萨“戴五佛冠，金色身……”。从上述佛经记载来看，峨眉山万年寺普贤骑象铜像的铸造，主要依据的佛经是《妙法莲华经》，同时还参照了《佛说观普贤菩萨行法经》《楞严经》《八大菩萨曼荼罗经》等多部佛经的记载。普贤菩萨的坐骑六牙白象，在自然界中是找不到的，但在佛经中确实有六牙白象的传说。《杂宝藏经》卷二记载，有六牙白象娶有二妇，一名贤，一名善贤。有一次六牙白象摘了一朵莲花，欲给贤夫人，但被善贤夫人夺走。贤夫人因生嫉妒之心，转生为梵摩达王夫人，怂恿梵摩达王募猎人射杀白象，以取六牙。猎人进入丛林，六牙白象知其来意，主动将六牙拔出，交与猎人，使猎人免遭其他象的袭击。猎人回到王宫，把象牙交给梵摩达王，并述说白象的慈悲善心。梵摩达王夫人在旁听说后，非常惭愧，于是大修功德，出家学道。

由于白象有慈悲善心，所以佛经上又说白象是菩萨所化。《普耀经》记载：

菩萨便从兜率天上垂降威灵，化作白象，口有六牙。

白象性柔顺而有大威力，象征菩萨大慈悲力。《大唐西域记》卷七记载：

如来修菩萨行时，为六牙象王。

《摩诃止观》卷二又说：

言六牙白象者，是菩萨无漏六神通。牙有利用如通之捷疾，象有大力，表法身荷负，无漏无染，故称为白。

“普贤之学得于行，行之谨审静重莫若象，故好象。”六牙白象是他“愿行广大，功德圆满”的象征，故普贤骑六牙白象。《普贤观经》还说：

六牙表六度（六种救众生出苦海到彼岸的方法，一布施，二持戒，三忍辱，四精进，五禅定，六智慧），四足表四如意（欲如意、念如意、精进如意和慧如意）。

峨眉山万年寺普贤骑象铜像具有很高的艺术价值，是研究四川宋代冶金史、佛教史的重要实物资料。普贤骑象铜像重达62吨，为全国所罕见，其造型精美，比例匀称和谐，巨而不疏，铸像庄重肃穆，面部丰满，神态安详，花冠雕镂精致，衣纹线条流畅，六牙白象造型生动，象身肉褶清晰，大耳下垂，象鼻突出，四肢粗壮有力，形象逼真，显示了宋代冶铸工艺的精湛，是我国佛教艺术珍品，同时也是峨眉山“普贤道场”的象征。普贤骑象铜像具有很高的历史价值、科学价值和艺术价值，1961年3月4日被国务院公布为全国重点文物保护单位。

田怀清：云南大理州博物馆研究员。

峨眉山楹联概说

刘太品

摘　要：峨眉山位于四川盆地的西南边缘，是中国佛教四大名山之一，素有“峨眉天下秀”之称。无数名人雅士来此观光览胜，留下了许多优美的作品，而其所撰写的楹联成为其中的精彩华章。本文阐述了峨眉山楹联的历史渊源，指出了存在的问题。

关键词：峨眉山　楹联　渊源

峨眉山全山由大峨山、二峨山、三峨山、四峨山组成，通常说的峨眉山指大峨山，其最高峰万佛顶海拔 3099 米。《犍为郡志》记载：“此山云鬟凝翠，鬒黛遥妆，真如螓首蛾眉，细而长，美而艳也。”峨眉山是普贤菩萨的道场，宗教文化特别是佛教文化构成了峨眉山历史文化的主体，山上有报国寺、伏虎寺、洗象池、龙门洞、舍身崖、峨眉佛光等胜迹，是旅游、休养、避暑胜地。峨眉山是世界文化与自然双遗产，峨眉山古建筑群为全国重点文物保护单位，以峨眉山为主体的峨眉山景区为国家重点风景名胜区。

峨眉山景区的名胜和佛教楹联数量众多。由乐山市图书情报学会编著、西南交通大学出版社 1990 年 5 月出版的《乐山名胜楹联选粹》中载录峨眉山楹联 84 副。由峨眉山博物馆供稿、田家乐主编、四川人民出版社 1987 年 4 月出版的《峨眉山楹联选集》一书，收录峨眉山楹联 407 副。由中国楹联学会委托中华对联文化研究院编纂、九州出版社 2015 年出版的《中国对联集成》（全国卷），在“景观篇”和“宗教篇”中也收录了峨眉山楹联 400 余副。

一、峨眉山楹联的地域历史渊源

楹联是对联的雅称，是一种以独立使用的对仗句表达特定主题的文体形式，具有文学性、实用性、谐巧性三大特点，峨眉山楹联以名胜景观联和宗教联特别是佛教联为主。

楹联这一文体孕育于宋代春节所用的桃符偶句和丧礼所用的铭旌偶句，然后从元代的春帖偶句演化为明代早中期的春联（时间约在 1400—1500 年）。春联产生后，很快就出现了挽联、贺联、节令联、行业联、宅第联、园林联等多种门类。到了晚明，贴对联已经成为遍及社会各个领域的普遍性习俗。进入清代，楹联文化得到迅猛发展，1840—1940 年的百年间更是楹联文化发展的巅峰期。近 30 年来，传统的楹联文化又得到一定程度的复兴。

四川是楹联文化发展的一个关键地区，桃符偶句的鼻祖——后蜀国君孟昶的“新年纳余庆；嘉节号长春”一联，就是其在北宋乾德三年（965）除日题写于后蜀国都成都的。北宋元丰六年（1083）前后，四川眉山人苏东坡谪居湖北黄州，与四川犍为人王齐愈（字文甫）交好。苏东坡在临近除夕前去王家串门，见王家正在制作桃符，于是信笔在桃符上题写了一副七言联句：“门大要容千骑入；堂深不觉百男欢。”北宋时期流传下来的两副桃符偶句仅此两联，均与四川有关。

源于民间习俗的对联文体在明代中早期产生后，逐渐引起文人的关注，并吸引其投身对联的创作。史上第一位可称为联家的人，是明代中期的杨慎。杨慎（1488—1559），四川新都人，正德辛未科状元。《明史·杨慎传》称“明世记诵之博，著作之富，推慎为第一”。杨慎因“大礼议”事件被嘉靖皇帝贬至云南，并在此度过余生。他在云南、四川创作过不少对联。杨慎一生著述多达四百余种，但所作对联未能结集，流传至今的大致可信的对联有近 20 副。一些资料记载杨慎为峨眉山题写过楹联，如《太史升庵文集七十六卷》有“峨眉山”条目：“余书峨眉山寺简板曰‘奇胜冠三蜀（晁公武语）；震旦第一山（佛经）’，刘东皋云不如以王右军‘昆仑伯仲地’易‘奇胜冠三蜀’。”峨眉山另有两副杨慎楹联，一为峨眉山金顶联“山岚银世界；宝气玉毫光”；二为神水阁联“智师昔说法；龙女为飞空”。但前者实为嘉靖十七年（1538）杨慎游峨眉山时所作《卧云庵》诗句，后者则为杨慎《神水》诗句；二者根本不属于对联文体。

清代及民国初年四川对联作者中，李调元、万慎、钟云舫、刘咸荥、赵熙、林思进、刘师亮、彭作桢等都堪称名家。清末乐山地区普遍使用楹联的情况，我们从一则联话就可窥见一斑，窦镇撰《师竹庐联话》就载有乐山县学训导刘珊洲的楹联：

泸州刘珊洲司训乐山县悬联云：“海棠香国世界；荔枝红处人家。”盖衙中海棠甚盛，家有荔枝数百株。故云然。

对中国现代文学的影响最大，且与乐山相关的联家还是要数郭沫若。郭沫若（1892—1978），乐山沙湾人，曾留学日本，与成仿吾、郁达夫等发起组织文学团体创造社。新中国成立后，曾任全国文联主席、中国科学院院长、全国人大常委会副委员长。郭沫若上过私塾，有坚实的旧学功底，擅长结撰联语，今人有《郭沫若楹联辑注》刊行，收录其对联 101 副。在民国诸家中，郭沫若的对联创作水平并不算突出，但在 1949—1979 年这 30 年间，对联作者寥若晨星，如贵州向义等人的创作尚不为众人所知，郭沫若可以说是中国唯一具有全国影响的楹联作家。

在郭沫若的早期联作中，有些就直接写了峨眉山，如辛亥革命后的民国元年（1912）春节，在成都读书的郭沫若回到家乡，为乡亲们撰写了二三十副春联作品，用他自己的话说就是：“沙湾有一种特殊的风气，便是家家的春联都要竞争编撰长句。街上将近有一二百户人家，而能够撰春联的却没有几个人，所以结果这一二百户的春联，大概便由这几个人包办。”其中有两副春联就说到了峨眉：

杏花疏雨，杨柳轻风，酒兴汹浓春色饱；
沫水澄波，峨眉滴翠，仙人风物此间多。

诏书颁下九重来，国会缩短三年，要与列强争优胜；
峨眉耸立青天外，山势蜿蜒万里，飞临当户作画屏。

二、峨眉山楹联佳作及其特点

如上所说，撰写春联习俗约形成于1400—1500年，而在名胜景点及寺院悬挂楹联，当晚于1500年。杨慎于嘉靖五年到嘉靖二十年间（1526—1541）四次路过当时称为嘉定州的乐山，游历峨眉山并留下不少诗篇，也曾题写峨眉山楹联。只是现存署名杨慎的楹联作品，我们尚需甄别其是诗句还是楹联，是杨慎创作还是后人伪托。对于其他留存作品，我们也需秉持细心推考的态度。

除署名杨慎的楹联外，现存楹联作品中还有一些明代作者的，如署名王士性的峨眉山伏虎寺联：

云迷大壑觇龙气；
路转溪桥觅虎踪。

此联内容颇切伏虎寺，对偶亦工雅。其作者王士性是浙江临海人，万历五年（1577）中进士，之后借于各地做官之机畅游名山大川，有“人文地理学家”之誉。

再如署名破山的题伏虎寺联：

悬佛日于中天，光含大地；
灿明珠于性海，影彻十方。

破山禅师（1597—1666），俗姓蹇，四川达州大竹县人。破山一直活到康熙五年（1666），应该算是明末清初的人，他与王士性确有可能为峨眉山伏虎寺题写楹联。

晚清及民国联家题写的峨眉山楹联可以说是峨眉山楹联作品中的巅峰之作，特别是清末民初四川“五老七贤”中的赵熙、刘咸荥等人的联作，以及部分境界极高的佚名作品，代表了峨眉山楹联的最高水平。此外，遍能、果玲等峨眉高僧的联作也具有相当高的水平。这些优秀联作都具有这样的特点：一是非常切合具体的景点，不可移易；二是意境高远，与峨眉山的神韵十分匹配；三是文辞清雅畅达，少用生字僻典；四是对偶精工，声律自成法度。

如刘咸荥题峨眉山仙峰寺联：

问九老何处飞来，一片碧云天影静；
悟三乘遥空望去，四山明月佛光多。

报国寺方丈果玲题神水阁联：

河间狂客来歌凤；
海内才人起卧龙。

钟云舫题金顶联：

众峰齐让佛门高，稽首如来，要分此半轮秋月；
一览尽收天下秀，满心归去，胜游他五岳名山。

赵熙也有一副题金顶联：

有天地便有此山，当白雪团空，谁将这万丈毫光荡成大澥？
问菩萨并问诸佛，自青莲归寂，可许那千年秋月提上西皇。

由于历史原因，峨眉山楹联中还有许多一时难以考证作者的佳作，如洪椿坪有两副佚名联作：

佛祖以亿万年作昼，亿万年作夜；
大椿以八千岁为春，八千岁为秋。

此名山胜地，听暮鼓晨钟，云去云来空渺渺；
有椿树撑天，任风刀霜剑，花开花落自年年。

金顶有佚名联作：

此地咫尺能进天，懒问天，但闻佛笑；
近水亭间先见月，要留月，不许云飞。

1949年后，峨眉山楹联中也有个别上佳的作品，如曾任四川省人大常委会主任的何郝炬题峨眉山华藏寺联：

绝顶俯晴空，洞观云海千层，大地苍茫开眼界；
佛光传胜景，指点雪山万仞，长天澹荡豁胸襟。

当代作者廖成之题峨眉山初殿联：

天地几闲身，试问名利场中，哪有此清凉世界？
光阴如过客，每到山水佳处，更莫负潇洒胸怀。

值得一提的是，峨眉山楹联中还有两副长联，分别是刘君照的180字报国寺楹联和冯庆樾的200字洪椿坪楹联，而后者的艺术水平更高，可以与全国其他景点的长联相媲美。冯庆樾曾为贵州仁怀知县、成都佛学院文学教习。该联作于1924年秋，内容如下：

峨眉画不成，且到洪椿，看四壁苍茫：莹然天池荫屋，泠然清音当门，悠然象岭飞霞，皎然龙溪溅雪；群峰森剑笏，长林曲径，分外幽深。许多古柏寒松，虬枝偃蹇；许多琪花瑶草，锦绣斑烂。客若来游，总宜放开眼孔，领略些晓雨润玉，夕阳灿金，晴烟铺绵，夜月舒练。

临济宗无恙，重提公案，数几个老辈：远哉宝掌住锡，卓哉绣头结茅，智哉楚山建院，奇哉德心咒泉；千众静安居，净业慧因，毕生精进。有时机锋棒喝，蔓语抛除；有时说法传经，蒲团参究。真空了悟，何尝障碍神通，才感化白犬衔书，青猿洗钵，野鸟念佛，修蛇应斋。

三、峨眉山楹联存在的问题

由于峨眉山景点众多，楹联悬挂情况复杂，加之历史跨度大，历经晚明、清代、民国以及当代，其间峨眉山屡遭兵燹，文化出现断层，存世的峨眉山楹联存在不少问题。特别是1949—1979年的30年间，楹联文化跌入谷底，历史遗存和文献资料损毁严重。改革开放以后，峨眉山景区增补大量楹联。此一时期，或因主其事者缺少对联方面的文化积淀，或因事情紧急，造成把各类诗句、领导和名流题词等与对联文体无关的文字书写并制作成楹联而悬挂出来的情况。其中出自当代的大致合格的对联作品也往往出现对偶粗疏、声律舛谬的问题。对于这些作品，联作方家一望可知。

其主要的问题可分为以下几种。

（一）摘录前人诗句当成对联使用

这种情况常常发生在不通对联创作又无人代笔的官员和名流身上，也常发生在缺乏传统文化底蕴的所谓“书法名家”身上，当他们面对特定的场景需创作对联但又“词穷”时，只好翻开前人诗集，随意从中摘取两句诗书写了事。为了给这类行为“正名”，前些年联界炮制出所谓“摘句联”的概念，其实稍具文体学常识的人都知道，之所以说“对联是由独立使用的对偶句来表达特定主题的文体形式”，就是要在体裁上与诗文中非独立使用的对偶句划清界限。如果说在对联文体发展的初期，存在一些摘录古人诗句当成对联的情况，如据传赵孟頫摘陈叔宝诗句“日月光天德，山河壮帝居”为忽必烈书写的皇宫春联，但是到了对联文体高度成熟的今天，仍有人摘取古人诗句来当成对联，那就令人不能接受了。

存世的峨眉山楹联中这类摘取古人诗句的情况较多。例如《乐山名胜楹联选粹》一书的“峨眉山楹联”一节，收录伏虎寺联 20 副，其中至少有 6 副分别摘取自唐代李白、杜甫，宋代范成大，明代方孝孺、赵渊，清代康熙皇帝的诗句；收录报国寺楹联 11 副，其中至少有 7 副分别摘取自唐代李白，宋代苏轼、黄庭坚、范成大、范镇，元代黄镇成，现当代郭沫若的诗句。可见这类情况相当普遍。

（二）使用不对偶或上下联同声收尾等达不到对联文体最低要求的语句充当对联

对联文体的灵魂是对偶，没有对偶就不成其为对联。声律是对联形式要求的另一要素，对联最低要求是上联收尾仄声，下联收尾平声，违反了这个标准，也不能成其为对联。如洪椿坪五言联：

山行本无雨；
空翠湿人衣。

其实这只是套用了王维的诗句“山路元无雨，空翠湿人衣”而成，两句不成对偶，称不上是对联。再如报国寺联：

五岳寻仙不辞远；
一生好入名山游。

这只是李白一首诗的前后两句，根本不对仗，所以也无法称之为对联。局部不对偶的情况也时有存在，如陈半桥联："峨眉独秀丽；风景最宜人。"用"画"对"超"，用"丽"对"人"，都构不成对偶。五言联较短，其中有一字词性不对，对称的残缺感就很明显。

从声律角度说，虽然明代和清前期存在个别上联平收、下联仄收的对联，但晚清以后"上联仄收、下联平收"已成定律。此后若是上下联以同平或同仄收尾，那就大大地超出了对联声律的底线。如伏虎寺联：

尔去之罗浮；
我还憩峨眉。

其不仅摘录李白诗句，而且上下联均为平声收尾，这更是与对联文体不粘边了。

（三）校对书写不精，存在文字错误

联作中出现了错字别字，一来会使作品的对偶和声律受到破坏，二来会让读者如坠云雾中，无法理解联意。如江忠源题伏虎寺联：

一经钟声瞻玉殿；
万松烟色绕琼楼。

"经"字为平声，但此处应该为仄声，细品联意，原文应该是"一径钟声瞻玉殿"。再如报国寺联：

寻僧石磴临天开；
研药秋岩倒溪流。

上下联均以平声收尾，肯定不能称之为对联，查唐齐己诗《送白处士游峨眉》，得句"寻僧石磴临天井，劚药秋崖倒瀑流"，则知这是出现了别字的摘句。再如郭沫若联：

刚日读书，柔日读史；
知者乐水，仁者乐山。

读史也同样是读书，所以上联有语义重复之嫌，除非将“书”强作《尚书》解。查李彦章（1794—1836）《榕园楹帖》有阳明书院实学斋联：“刚日读经，柔日读史；十年树木，百年树人。”则“书”字应为“经”字之误。再如伏虎寺有程仲愚题联：

栖鸟夜起猿声远；
落照晴留树影重。

“鸟”字为仄声，但此处应该用平声，细思“鸟”字或为“乌”字之误。查资料得知清道光年间程仲愚有七言回文律诗《题伏虎寺步文峰回文韵》，其颈联正是此联，栖鸟确为“栖乌”之误。这同样是一副出现了别字的摘句，并非对联。

（四）生硬套用前人联，与峨眉山实景关系不紧密

晚清林则徐有联句：“海到无边天作岸；山登绝顶我为峰。”万年寺则有联曰：

海到无边天是岸；
山登绝顶雪为峰。

上联不切四川地理位置，下联更是点金成铁，意趣全无。伏虎寺又有联云：

何当报之青玉案；
可以横绝峨眉巅。

初读不知何意，查梁章钜《楹联丛话·故事》有下列记载：

> 万廉山郡丞喜蓄奇石，大有米海岳之癖。尝以“峨眉积雪”石自镌此四字，赠唐陶山方伯。方伯集句为联以谢之云：“何当报之青玉案；可以横绝峨眉巅。”

嘉庆年间官员万承纪好奇石，曾经在一块名为“峨眉积雪”的奇石上镌刻此四字，赠送给另一位官员唐仲冕。唐仲冕为了表达谢意，就集古诗为联回赠万承纪。上联出自汉代张衡《四愁诗》：“美人赠我锦绣段，何以

报之青玉案。”下联出自唐代李白《蜀道难》：“西当太白有鸟道，可以横绝峨眉巅。”这副对联与峨眉山景区关系显然不大。

通过以上梳理，我们可以感觉到，峨眉山楹联是一个内蕴丰富的宝库，却缺乏搜集、整理、考证和校对，希望峨眉山地区的相关部门能以高度的文化自觉，为峨眉山楹联史料的整理工作立项，并予以支持。相信不久的将来，我们会看到内容更全面翔实、校勘更精良的峨眉山楹联辑注读本，为后人留下一笔真正具有文化含金量的精神财富，为峨眉山的地域文化建设增添更加精美的内涵。

刘太品：中国楹联学会副会长兼学术委员会主任，《对联文化研究》主编。

论道场

峨眉山佛教的行善造林与公益精神

杨　涛

摘　要：峨眉山佛教徒，作为实证佛陀的经、律、论三藏和戒、定、慧三学，完善苦空观念的实践者，尤在积德行善、利益众生诸方面身体力行，至今仍传颂着不少禅门佳话，也留下种种造福社会的行迹。这是由佛教特殊的公益功能决定的。遍布峨眉山的“功德林”更是生动地诠释了历代峨眉山佛教高僧大德热心公益、造福社会的无量功德。

关键词：峨眉山　佛教　公益

峨眉山历代僧人将佛教普贤菩萨行愿的精神化为身体力行的实践，坚持慈悲为怀，普度众生，行善积德，为保护峨眉山、建设峨眉山贡献心力。

一、峨眉山僧人营造“功德（公益）林”

据记载，从唐代开始，僧人们就在峨眉山中植树造林，至今还流传着许多高僧大德植林留功德的感人事迹。

（一）贯之和尚与寂玩上人建虎溪禅林

贯之和尚，俗姓王，明末清初嘉定（今乐山市）犍为县人，幼年在嘉定金碧庵出家，拜三济和尚为师。其于顺治八年（1651）来峨眉山，正逢兵燹，见山中僧人生活极为困苦，便化缘买粮，供济山僧。战事平息后，顺治十八年（1661），他便率门人于南宋龙神寺废址上修建伏虎寺，历时二十余年，建殿十三层，寺宇宏伟壮观，成为当时山中第一大寺。随后，贯之和尚的徒孙寂玩上人在寺院周围广植桢楠、杉、柏，以《法华经》字数为据，一字一株，被人称为“布金林”。宣统二年（1910），江南才子邓元蟌在此地作雨中游时盛赞“布金林”一带“雨后游踪先伏虎，云间秀色敛修娥”。

如今虎溪精舍古建筑已成为国家级文物保护单位。其周边古木遮天，郁郁葱葱，已成为国内外佛教圣地中唯一的“布金林”。

（二）慧宗禅师建“古德林”

慧宗（别传）禅师，临济宗门人，湖北云梦人。其于明嘉靖十三年（1534）来峨眉山，一住三十余年。其间，他将金顶铁瓦殿改为铜瓦殿，并铸普贤铜像一尊供奉于金顶；又在白水寺（今万年寺）建伽蓝殿，且铸大铜佛三尊、铜钟三口。其中悬挂于圣积寺老宝楼的铜钟重 12.5 吨，被称为“圣积晚钟”，是今日峨眉山十景之一，现存于报国寺凤凰堡。明隆庆元年（1567），66 岁高龄的别传禅师又在白龙洞按《妙法莲华经》字数，植楠、柏、杉等 69777 株，后人称之为“古德林”，成为峨眉山三大林园之一。明神宗朱翊钧因此为其赐号“洪济禅师”。

（三）楚山、德心建“旃檀林”

楚山禅师是著名的四川高僧，临济宗传人，也是洪椿坪的开山祖师。楚山禅师在明万历五年（1577）建千佛庵时即发愿造林，以《华严经》字数为据，一字一树。惜愿未达成，上师即圆寂。

楚山禅师的继任住持德心和尚继承了他的未竟事业，完成了楚山禅师的宏愿，建成“旃檀林”。因峨眉山十景之“洪椿晓雨”名声之盛，“旃檀林”又被称为“洪椿晓雨林”。四百多年过去了，二位禅师当年亲手栽种的树苗早已高耸入云。洪椿坪周围群峰绕翠的优美环境，称得上是二位高僧大德“利乐有情”的无字丰碑。

（四）妙彩和尚植“华严林”

在大乘寺（罗汉坡）至金顶一带，有一片郁郁葱葱的冷杉林，是清代妙彩和尚率众种植的。由于造林时也是以《华严经》字数为据，一字一树，该林又称“华严林”。

妙彩和尚为了解决峨眉山金顶高寒地带水土流失和建造寺庙用材的难题，大力倡导广植针叶林，数十年间所植树木遍及方圆数里。

妙彩和尚于道光二十八年（1848）中武举，历经世事坎坷，中年出家，1913 年圆寂。临终前，他告诫僧众，如建寺需伐树时，需伐一补十，不得有违，并嘱咐门人将自己的骨灰撒入华严林。

二、峨眉山佛教行善精神与公益精神的契合

佛教戒律劝人向善去恶，峨眉山僧众坚守至今的“日行一善”的优良传统，更为峨眉山佛教的公益精神注入了特有的“六度”（布施、持戒、忍辱、精进、禅定、智慧）和“四报”元素。从广义上讲，佛教的主旨与公益精神是相融相通的，环境保护、救灾扶贫、助学助残等都是其共有内容。公益精神实际上是一种社会责任感，而个体的自由意志是实现社会责任的前提。

如上文所述，作为实证佛陀的经、律、论三藏和戒、定、慧三学，完善“苦空观”的实践者，佛教的高僧大德往往具备坚忍的自律精神与高尚的操守，这正是佛教大德高僧服务社会的切入点。

（一）慈善与公益

慈善是一种增加人类福祉的事业，通过救济、援助或捐赠等方式表达对人类的爱。什么叫慈呢？父母对子女、长辈对晚辈的爱为慈，如“慈母手中线，游子身上衣”，讲的是纵向关系。什么是善呢？人与人之间的关爱就是善。“老者安之，朋友信之，少者怀之……守望相助，疾病相扶”，讲的是横向关系。所以慈善是具足同情心的人们之间的互助行为。

因此，公益不仅与慈善紧密地联系在一起，还是服务社会、有益大众的一种奉献精神。

（二）“四报”与公益

“四报”即佛教倡导的“报四重恩”思想：报父母恩，报国土恩，报众生恩，报三宝恩。峨眉山历代僧人留下的片片绿荫不正是出家人对土地的养育之恩、对众生的呵护之情的最好报答吗？

（三）“六度”与公益

“六度”即“布施、持戒、忍辱、精进、禅定、智慧”的简称，是佛教修持中六种到达彼岸（波罗蜜多）的方法。“功德林”正是“布施”中“财施”与“法施”相结合的最好体现。

（四）公益与慈善

“四报”“六度”相结合，从理念到实践层面形成了峨眉山佛教独特的公益精神，体现了佛教的自律与操守，更是其服务社会的切入点。

佛门中流传着一副名联：

定静慧大路一条还须放开眼界；
贪嗔痴歧途三处务要站稳脚跟。

综观在峨眉山修寺建院、植树造林的众多高僧大德，无一不是在佛门“站稳脚跟”，在山中“放开眼界”。他们勤修戒定律，戒绝贪嗔痴，精准把握佛旨要义，无论山外怎样“你争我夺”，动乱不已，其一心念佛植树，留得绿荫满人间，才有了绿满山上山下的“布金林”“古德林”“旃檀林”“华严林”，才有了浓绿凝翠的峨眉山，充分体现了佛教文化的人性光辉。

杨涛：峨眉山市政协原副主席，峨眉学研究会会长。

王士性笔下的峨眉山

梁光军

摘　要：明代地理学家王士性游峨眉山，撰写《游峨眉山记》，生动具体地介绍了峨眉山的风景特色。本文介绍了王士性游峨眉山所记内容及其价值。

关键词：峨眉山　王士性　游记

明代曾出现过两位杰出的地理学家：王士性和徐霞客。他们是中国人文地理学和自然地理学上并峙的两座双峰。王士性比徐霞客早出生40年，王士性去世时徐霞客才12岁。徐霞客早已闻名遐迩，而王士性却被忽视了四个世纪之久，其贡献一直未被人们熟知。

王士性（1547—1598），字恒叔，号太初，又号元白道人，浙江临海人。31岁时中进士，先后在北京、南京、河南、四川、广西、贵州、云南、山东等地做官，以鸿胪寺卿（九卿）致仕。王士性一生喜游历，他的游历与徐霞客有不同：徐未做官，游历时除乘舟外主要靠步行（也乘轿）；王则进士出身，做过京官、外官，又做过几省的主考官，所以出行主要是乘车乘船乘轿，有时也骑马，即所谓“宦辙所经”。王游历所及地区并不少于徐。徐到过14省，独缺四川；王也到过14省，只缺福建。按今天的行政区划，则徐到过16省（区），王到过17省（区），王比徐多四川、甘肃，少福建。王每到一地，均会将山川、气候、道路、农林牧渔业、特产、风俗、文化、民族、古迹等自然人文要素一一作概括性记叙，著有《五岳游草》《广游记》《广志绎》《吏隐堂集》等。

王士性游四川峨眉山是在1588年秋，以主考官身份去四川典试举人，那时他 42 岁，正值壮年，阅历丰富。试事完毕后，他即与邑令陈道同游峨眉山，写了一篇不朽的著作《游峨眉山记》（见《五岳游草》卷五和《吏隐堂集》）。这是一篇别开生面的游记，采用描摹、叙事的写实手法，对峨眉山的景观作了透视式的描绘，读之如亲临其境。

峨眉山雄踞四川盆地南端，与浙江普陀山、安徽九华山、山西五台山并称佛教四大名山。峨眉山既有宗教古迹，又多自然景观，更以能见佛光与雪山闻名于世。

王士性的这篇游记以游览时间和地点为线索，见物生情，遇景随录，好似一篇导游文章，很适宜旅游者阅读，如：

> 次日发嘉州，十五里乱流而渡，过苏稽镇，午至县。又西行五里至圣积寺，左重廊翼然为老宝楼，署魏鹤山“峨山真境”四字，则登峨第一山门也。

这段日记式的景观记述同一些流水账式的记法有很大不同，其紧扣景点，不靠空洞无物的华丽辞藻，而是书写从内心迸发的真情实感，丝毫没有强行注入之感，好像一位亲切的好导游。

又如：“前见一石，远伏山口，状如舴艋，为普贤船。”说到普贤船自然联想到浙江普陀山的西方船，这两艘船虽在不同地点，却同在仙山佛国，莫不都是“普度众生”的大乘船？

王士性游得细致，记得也具体。他说：“右去，过十二峰头，为九老仙人洞。”王士性为什么对九老仙人洞如此感兴趣呢？原来九老仙人洞位于峨眉山海拔 1790 米处，传说古时轩辕帝来此游山，走到位于仙峰寺附近的九老洞旁，见一鹤发童颜的老翁坐在洞口，便问老翁：“有侣乎？”翁答以九人，后人因此称其为九老洞。千百年来，这里既是道教的神仙洞府，又是佛门的菩萨道场。

接着他又记叙了峨眉普贤骑象像：

> 上四会亭，为白水寺。寺有宋兴国年铸普贤骑白象像，并赐袈裟宝环，傍有三千铁佛，廊庑鳞集，此壮丽之穷也。

王士性之所以记普贤骑象像，是因为这是一座铜铸像，为全国所罕见，且是峨眉山普贤道场的象征，是游人至峨眉山不可错过的景点。

普贤菩萨作为释迦牟尼佛的右协侍，是实践的象征，与文殊菩萨的智慧相对。按《悲华经》记载，当阿弥陀佛为转轮王时，第八王子名为泯图，在宝藏佛前发愿：要在不净世界修菩萨行；“修治庄严十千不净世界，令其严净，如青香光明无垢世界”；“教化无量菩萨，令心清净，皆趣大乘，悉使充满我之世界”。宝藏佛由此为泯图授记，改号为普贤。因为成就佛果不仅要依靠智慧，更离不开实践，故《华严经》赞叹普贤菩萨曰：“一切如来有长子，彼名号曰普贤尊”。

“峨眉天下秀”，峨眉山景观由报国寺、万年寺、伏虎寺、清音阁、黑龙江栈道、洪椿坪、仙峰寺、洗象池、金顶等众多景点组成。王士性几乎对所有的景点都作了记叙，但有所侧重，详略不一。如其写老僧树，笔墨虽不多，但刻画得十分准确：

> 树两岐直立，枯而空中。一游僧来定焉，复荣，抱为一，僧定故未出也。

短短数十字就把这株树的特征、定名的来由交代得清清楚楚。看了这段文字，不得不叹服这位地理学家文字修养之深。

王士性所记或可与《五灯会元》互参。《五灯会元》卷六载：

> 政和三年，嘉州巡捕官奏：本部路傍有大古树，因风摧折，中有一僧禅定，须发被体，指爪绕身。帝降旨，令肩舆入京，命西天总持三藏以金磬出其定。遂问：“何代僧?”曰：“我乃东林（慧）远法师之弟，名慧持，因游峨眉，入定于树。”

又如，王士性描写“佛光”曰：

> 一僧奔称佛光现，余亟就之前山，云如平地，一大圆相光起平云之上，如白虹绵挂山足也，已而现作宝镜空湛状，红、黄、紫、绿五色晕其周，见己身相俨然一水墨影……摇手动指，自相呼应，而不见余影。余与元承亦皆两自见也。僧云：“此为摄身光。”茶顷，光灭，已又复现复灭至十现，此又奇之奇也。

“佛光”是一种特殊的自然现象，我国五台山、庐山皆有，其形成原理至今还不是很清楚。由于我国历史上佛教发达，各处名山皆筑有寺院，所谓“天下名山僧占多”。这种自然景观便与佛教相结合，成为佛教文化的内涵。

这是罕见的现象，故王士性对“佛光”的描写细致具体，并发出了“奇之奇也”的感叹。

《游峨眉山记》以高超的艺术技巧，详细地介绍了峨眉山的风景特色。此游记不论是从地理角度还是风景角度来看，都记得详赡而生动。

从此篇不朽的著作中，我们不难看出王士性不愧为明代伟大的地理学家和旅游家。

梁光军：浙江台州市地方志办公室。

峨眉青铜文化在巴蜀文化南传中的地位和作用

陈黎清

摘　要：在出土文物中，峨眉地区发现的春秋晚期的青铜器具，与四川其他地区的青铜器具有密切的联系，峨眉青铜文化促进了巴蜀文化的南传和古丝绸之路的形成。

关键词：峨眉　青铜文化　巴蜀文化

峨眉山市位于四川省乐山市中部偏西，东北邻近川西平原，西南与大小凉山接壤，北距成都市约 150 公里。这里河流纵横，山清水秀，地肥物美。境内发脉于昆仑山、由邛崃山脉蜿蜒而至的峨眉山拔地而起，巍然屹立于大渡河与青衣江之间，成为古蜀国南方的天然屏障。封闭的自然环境并没有阻挡住巴蜀先民与外界接触的愿望和步伐，自古以来，峨眉山地区就是南丝绸之路的交通要冲，它西可接青衣江源头的雅安，东可达三江汇流之乐山，南可抵“虚恨小道”，北可连成都平原，是古蜀国的边陲重地和军事防御重镇。

一、峨眉青铜文化

峨眉处于巴蜀青铜文化主流与边缘之间。1963 年，峨眉山市符溪柏香林社员在平地时，在距地表 20～80 厘米处挖出了一批青铜器。1972 年 6 月，四川省博物馆在此发掘出土器物 40 多件。1963 年至 1981 年，笔者共收集柏香林青铜器 200 余件①，其中生活用具 19 件，包括罍 2 件，釜 2 件，鍪 5 件，甑 1 件，盆 1 件，敦 1 件，勺 2 件，匕 3 件，带钩 2 件；生产工具41件，包括斤3件，曲头斤2件，斧24件，凿7件，削3件，雕刀1件，锯1件；兵器173件，包括矛63件，戈35件，钺22件，剑36件，刀11件，镞4件，匕首1件，带鞘短剑1套。另有虎纹印章1枚。

峨眉出土青铜器，器物特征明显，如生活用具中的辫索纹环耳釜、鍪、甑，生产工具中的削、斤、锯、凿，兵器中的三角圆穿戈、柳叶剑、烟荷包式钺等；纹饰精美新颖，如人虎纹、燕尾鸟纹、蛇纹、蛙纹、舞蹈人纹等均十分独特，不仅丰富了“巴蜀符号”的内容，也证明这里是民族迁徙的走廊，其中很多符号还填补了历史空白。

二、峨眉青铜文化与四川其他地区青铜文化的关系

大约在春秋中晚期以后，四川地区出现了一种器形纹饰极富特色的青铜文化。[②]

从现已发表的考古资料看，它不仅涵盖岷江、青衣江、大渡河、安宁河等流域，而且地域之广，前所未有。其分布是以成都平原为中心，北达陕西汉中，东到湖北荆门，南抵川黔滇边界，西至雅安宝兴等山区。

（一）峨眉青铜文化与成都平原青铜文化的关系

抗战期间，成都西北桥附近的白马寺坛君庙出土了一批青铜兵器，卫聚贤搜集资料撰写的《巴蜀文化》一文，认为兵器可分直刺、横刺、勾击三大类，图纹有虎、龙、人、饕餮、蛇、蛙、鱼等。[③]

1959年冬季，新繁县民工大队在彭县东约20公里的竹瓦街发现了1个大陶缸，里面盛放了21件铜器，包括8件容器和13件兵器。容器中计有大罍1件，罍4件，尊1件，觯2件；兵器中计有戈8件，戟1件，钺2件，矛1件，锛1件。[④]

1963年，成都无线电机械工业学校在开沟取土中挖出1座古墓葬，出土了不少铜兵器，其中铜戈8件，铜剑6件，铜矛4件，铜凿2件，铜斧2件，铜钺1件，铜刀2件，铜削1件，铜带钩1件，该墓葬属于巴蜀文化中的蜀文化墓葬，时代相当于战国中期。[⑤]

1986年1月，位于成都西部百花潭附近的京川饭店搞基建时，发现

了一批战国青铜器，共计 31 件，其中包括铜戈 5 件，铜矛 5 件，铜剑 1 件，铜钺 1 件，铜凿 2 件，铜锯 1 件，铜錾 2 件等。[⑥]

1983 年 11 月，成都西门外三洞桥青羊小区修建西干道拆迁居民住宅，民工挖房基时，发现了一批铜器，包括铜削 1 件，铜戈 2 件，铜钺 3 件，矛 3 件，勺 1 件，双剑及铜鞘 1 套，剑 4 件，斤 1 件，铃 1 件，罍 1 件。[⑦]

从以上资料对比中不难看出，峨眉青铜文化与成都平原青铜文化联系非常紧密，其中峨眉出土的燕尾鸟纹戈与白马寺坛君庙出土的燕尾鸟纹戈几乎一样，同属巴蜀中心文化。

（二）峨眉青铜文化与青衣江流域青铜文化的关系

自 1958 年以来，在芦山县境内陆续出土了许多有明显特征的巴蜀铜器，如带鞘铜剑 2 件，巴式柳叶剑 2 件，蜀式柳叶形剑 2 件等。

另据《四川芦山县发现战国铜剑及印章》一文，在仁加乡出土战国铜剑 2 件，矛 1 件，戈 3 件，斧 2 件，钺 1 件，鏃多件，錾 4 件，釜 1 件，勺 1 件。

关于青衣羌族与巴蜀民族的关系，周曰琏由宝兴县文管所得知，那里出土了一批精美的巴蜀柳叶剑及其他器物，而且是和具有本地民族文化特色的三叉格剑等于同一墓葬出土的。[⑧]

1981 年 7 月，荥经县烈太公社自强生产队社员在取土时发现了 1 座土坑墓，出土器物以印章等青铜器为主。从这些器物中可以看到几种不同文化的融合：铜泡、牌饰等为石棺葬文化的遗物，巴蜀印章为巴蜀文化的遗物，汉式印章和削刀为汉文化遗物。[⑨]

距荥经县同心村 1.5 公里的严道丰城遗址周围分布着密集的春秋晚期至汉代的土坑木椁墓。同心村荥河对岸的黑羊坝也有巴蜀墓葬的发现。这说明当时荥河两岸的居民为多民族聚居，同时也反映了战国中晚期边塞地区各民族相互影响和融合的历史现象。

1977 年 10 月至 11 月，四川省博物馆、犍为县文化馆对犍为县金井公社万年大队二生产队和邻近的五联公社五一大队十一生产队的两处巴蜀土坑墓群进行了试掘。两地相距约 1 公里，共清理发掘了 11 座长方形土坑竖穴墓，出土文物 130 余件，其中铜器 23 件。铜器包括戈 1 件；矛 2 件，其中中原式矛 1 件；剑 2 件，剑身饰“虎斑纹”；钺 2 件；削 7 件；雕刀 1 件；釜甑 1 件，釜与甑分铸，套合一体使用；鍪 1 件，肩上有一辫索形环耳；肖形印 3 枚，均出土于五联 5 号墓，形状相同，大小相近，只是纹样和背部纹饰不同。[10]

峨眉青铜文化与雅安荥经、芦山、宝兴青铜文化既有密切的联系，又有一定差异，说明巴蜀文化对边塞青衣地区有相当的影响，峨眉青铜文化与犍为同属巴蜀中心文化。

（三）峨眉青铜文化与大渡河流域青铜文化的关系

20 世纪 70 年代在峨边金口河枕头坝的月耳坪出土了一批巴蜀青铜兵器，其中有柳叶剑 9 件，长骹矛 1 件。[11]

1979 年 3 月上旬，四川凉山彝族自治州越西县华阳村在修建牲畜圈和挖掘蓄水池时在两土坑中发现了一批铜器：蒜头瓶 1 件，略残；釜 3 件；鍪 3 件，颈肩相接处设一辫纹系，另一小系与之对称；甗 1 件；炉 1 件；印章 1 枚；铜柄铁刃剑 1 件；铜剑鞘头 1 件；铜泡饰 3 件，中有一孔。据目前所知，此类印章的出土和应用区域，北至广元，东至重庆，南至宜宾，西至大邑、芦山。此次出土的铜柄铁刃剑和铜剑鞘头比较珍贵，它们具有自岷江上游，沿雅砻江流域，直到云南省的滇池地区的地方文化特征，而在巴蜀土坑墓葬中出土还是首次。[12]

汉源县大树镇发现大量战国至西汉的巴蜀青铜器。[13]

石棉发现巴蜀青铜器。2004 年，石棉县永和乡发现了 14 座战国墓葬，四川省考古研究院在此发掘，出土了陶器、巴蜀青铜器等随葬品 200 多件。[14]

峨眉青铜文化与峨边出土巴蜀兵器类型相同，与汉源、石棉、越西、华阳、青龙青铜文化基本相同，特别是带鞘剑、印章，但又有所区别，为巴蜀文化越过了大渡河向南延伸的反映。[15]

（四）峨眉青铜文化与安宁河流域青铜文化的关系

近年来，在凉山州的西昌、盐源、会理等地发现了大量青铜器。这些青铜器种类比较丰富，有兵器、礼（容）器、宗教用器、杂器等。其中兵器数量较多，有典型的蜀式兵器，如三角援无胡方内戈。[16]安宁河流域的盐源盆地出土了大量的青铜戈，除标准的巴蜀式铜戈外，还有从巴蜀式铜戈“祖形”[17]演变而来的自成系统的区域性铜戈。

峨眉出土的“AIV 型Ⅰ式戈、AV 型Ⅱ式戈”[18]在盐源盆地均有出土，据考证，盐源盆地、洱海及丽江地区在战国至西汉时期是筰系民族分布地带，筰人原居岷江上游，后逐渐迁徙至大渡河中游，再迁至川西南、滇西北及滇西地区。他们很早就与蜀人有所接触，接受了蜀文化的一些因素，并在南迁过程中将已经融入自身文化但还带有巴蜀式戈特征的戈带到了更远的地方。

（五）峨眉青铜器与周边出土青铜器的科学对比分析

1986 年，自然科学史研究所对峨眉出土青铜器进行了科学分析，这次分析共选出试样 10 件，其中 8 件为锋刃器，1 件为锯，1 件为锅。

通过对金属内层成分的分析，得出：①这些试样的基本成分都是铜、锡两种元素，且多件试样含有一定量的铅。由此，铅、锡均应是有意配制的。②除了锡、铅两种合金元素，做扫描电镜分析的各试样均未显示任何金属，非金属夹杂，这说明当时峨眉地区的合金技术、金属熔炼技术发展程度较高。

通过对内层金属的金相分析，在金相显微镜下，这些试样呈现两种不同的组织形态：刮刀为淬火—回火态，余皆为一般铸态。青铜淬火是我国古代一项重要的技术成就，其目的是降低高锡青铜的硬脆性，提高其强度和塑性。

通过对金属表面的分析，在金相显微镜和扫描电镜下，除 1 件试样表面完全是铅，未显示其他任何夹杂外，其他试样表面都含有铜、锡、铅、铁、硅、铝 6 种元素，多数试样还含有少量的磷。

我国古代金属外镀技术使用较早，很早就引起了学者的注意。这批峨眉青铜器的特点是：①种类较多，说明外镀锡铅技术当时已经使用较广。②镀料成分稍微复杂一些，有锡、有锡铅混合物，也有铅，从而增加了我们对古代金属外镀的了解。③镀层颜色较多，有灰黑、青黑、青灰等，从而增加了我们对古代外镀锡铅器物表面状态的认识。④这些器物都出土于四川峨眉，具有一些地方特征。[19]

表1 峨眉战国晚期青铜器成分分析结果

试样编号	器物名称	成分（%）			
		铜	锡	铅	其他
S18	刀	78.311	11.980	9.708	
S19	刮刀	77.469	8.249	14.238	
S20	凿子	84.001	10.393	5.605	
S21	书刀	78.762	10.918	10.318	
S22	刮刀	81.343	18.656		
S23	锯	88.955	11.044		
S24	斤	91.314	8.685		
S25	弧形小刀	82.977	11.528	5.494	
S26	刀	79.956	16.892	3.151	
S27	锅	70.500	12.300	17.000	
8件锋刃器平均成分		81.767	12.163	6.064	

1987年，何堂坤教授又对部分四川青铜器做了科学分析，结果表明峨眉与巴蜀中心及周边地区的青铜合金技术既有一致性，又有某些技术上的独创性，如鎏锡法。[20]

三、峨眉青铜文化在巴蜀文化南传中的地位和作用

（一）峨眉是巴蜀文化从东、西、中三个方向向南传播和扩张的中心环节

南方丝绸之路是古代蜀国向南扩张政治、军事、经济、文化的大动脉。《华阳国志·蜀志》记载："（保子）帝攻青衣，雄张獠僰。"由于峨眉山地理环境特殊，千里岷江、青衣江、大渡河自然水道流经峨眉，从成都取水路赴宜宾，史家称为"岷江道"。出成都顺流而下，即眉州，再沿流下行，就要经嘉州的峨眉境，过了峨眉，就是嘉州。《吴船录》谓：从成

都出三峡的人，都要在这里改乘大船，否则就经受不了长江的风浪。嘉州之下是戎州（宜宾），为通往云南南诏“北道”的起点，也是岷江入长江的转折点。[21]沿途的武阳故城彭山、峨眉符溪、犍为金井、宜宾均有战国墓葬及青铜器出土，与顺江而下的岷江古道相吻合。

《水经注》转引《益州记》曰：“平乡江东迳峨眉山，在南安县界，去成都南千里。”峨眉沿青衣江峡谷，也有千年古道通雅安的荥经、芦山。这条古道蜿蜒迂回在峡谷间，地势平坦，间或嵌有石板，翻岗越坳亦间有石磴。此道经峨眉山龙门洞、四会亭、麻子坝、哨楼口，经野猪祠而达洪雅高庙场。明代曹学佺《蜀中名胜记》记载洪雅的“思经山与雅安分界。山趾有废严道县基”。雅安的荥经县与洪雅县毗邻。《方舆胜览》云：“瓦屋山，在荥经县东百二十里，形如瓦屋。”《太平寰宇记》云：“荥经县，本严道县地……芦山县亦严道县地。”峨眉、荥经、芦山均发现大量的战国墓葬和出土文物，证明了千年古道的相通。

南丝绸之路除东西两条主干线之外，还有很多重要的支线，即《舆地纪胜》引《沐川寨记》所说的“狭邪之径”。阳山江道是其著名支线，是往返云南的枢纽之一。此道从峨眉到峨边是古时孔道。从峨眉城南出发经冠峨场、青龙、黄茅岗、龙池、大围关、玉龙场、马嘶溪（大渡河）到中镇（峨边）。从中镇往云南要经“虚恨小道”。熙宁七年（1074），因西北战事，宋廷只得往南诏买马。朝廷聘士人先行，峨眉进士杨佐应募前往，他沿阳山江道陆路南下，二十多天后到达南诏国，并与南诏国达成买马协议，走的就是这条“虚恨小道”。峨眉罗目镇（原青龙场）是峨眉通往大小凉山及云南地区的重要道口，是商贸聚集的地方，山货和内地物资都到此交流。近二十年来这里出土了不少文物，特别是令世人震惊的约 16 吨重的南宋“钱山”的出土，记录了昔日的繁荣。这一线均有战国墓葬和随葬品出土。巴蜀文化通过峨眉这个中心环节不断向南传播。

（二）峨眉是巴蜀文化向南传播的重要军事节点

峨眉青铜器中兵器约占五分之四，将它们与关系密切的岷江道、峨雅古道、阳山江道多处发现的巴蜀兵器联系起来，可以看出峨眉是巴蜀文化向南传播的一个“军事据点”。峨眉山是古蜀国的“天然屏障”，在此布防，重兵把守，已经说明它在巴蜀文化向南传播中军事上的重要地位，它进可作为军事前哨的补充，退可作为古蜀国神圣不可侵犯的最重要的军事防线。

唐代，从成都运往西昌等地的军粮都要经峨眉转运。《新唐书》记有太和四年（830），李德裕为剑南西川节度使时，“岁抄运内粟赡黎、嶲州，起嘉、眉，道阳山江，而达大渡，分饷诸戍。”太和六年（832），李德裕对南诏作战，率兵走阳山江道水路，途径沙湾太平黑岩，留碑刻“唐李德裕提重兵过此”。[22]

《建炎以来朝野杂记》载：“虚恨蛮犯嘉定府峨眉中镇寨。”《蜀水考》卷一朱锡谷补注：“中镇在峨眉县南一百五十里，古称阳江。”虚恨属黑彝支系。彝语称峨眉山为罗（彝语意为“虎”）本山，据考证，中镇即今峨边沙坪（古陀和城），亦称中镇寨或罗目寨。《旧唐书》载：“麟德二年，开生獠，置沐州及罗目县，上元三年俱废，仪凤三年又置，治陀和城，属嘉州。如意元年又自峨眉县界移罗目治于今所也。”从这些记载中得知，罗目县是公元665年所置，县址最初在峨边沙坪，到公元936年的这两百多年间，由于獠乱，县址几次迁移，直至峨眉山市罗目镇。综上可知，峨眉是巴蜀文化向南传播的军事重镇。

（三）峨眉是巴蜀文化向南传播的重要纽带

《华阳国志·蜀志》记载杜宇王朝的疆域：“以褒斜为前门，熊耳、灵官为后户，玉垒、峨眉为城郭，江、潜、绵、洛为池泽，以汶山为畜牧，南中为园苑。”峨眉山作为蜀国的“南城墙”，被紧紧地掌控在古蜀国的势力范围内，这一点可以从峨眉青铜文化与成都平原青铜文化的对比分析中看出。另外，峨眉青铜文化又担负起将巴蜀中心文化向南传播的重任，这一点可以从峨眉青铜文化与岷江流域、青衣江流域、大渡河流域、安宁河流域青铜文化的对比分析中看出，其是重要的文化传播纽带。

（四）峨眉是古蜀国战略控制南中经济资源的重要接力点

峨眉山是古蜀人心目中的圣山，《禹贡》称之为“蒙山之首”，它物产丰富，是“植物的王国”“动物的乐园”“药用植物的宝库”“天然的矿产开采厂”，再加上由青衣江冲积而成的峨眉平原，“田食堰水，膏液云油，有沃益之称”[23]。因此古蜀国把它作为“城郭”，古蜀国辽阔的疆域中“大山十万”，但仅提到玉垒、峨眉，可见峨眉对古蜀人来讲是非常重要的。

进入青铜时代的古蜀国，军事冶炼技术已达到一定水平，蜀地丰富的铜、锡、铅等矿产资源已经不能满足古蜀国日益强盛的国力和对外扩张的欲望，跨过峨眉，蜀王更看重作为游赏的园苑——南中。独特的地质构造，良好的生态环境，使南中物产富饶，尤其是古代最重要的战略资源铜、锡、铅等矿产，对古蜀国更具吸引力，因此巴蜀文化向南传播，战略目的就是控制南中资源。峨眉水陆交通便捷，南中和古蜀国往返交流的物资都要经过这里，峨眉青铜文化折射出的多层面的作用显而易见。如果说巴蜀文化向南传播的过程是一辈又一辈古蜀人筚路蓝缕、生生不息的“接力赛”，那么峨眉青铜文化就起到了不可估量的接力作用。

注释：

①陈黎清：《四川峨眉县出土一批战国青铜器》，《考古》，1986 年第 11 期。

②赵殿增：《巴蜀文化的考古分学期》，《中国考古学会第四次年会论文集》，文物出版社，1985 年。

③林向：《近五十年来巴蜀文化与历史的发现与研究》，《巴蜀历史・民族・考古・文化》，巴蜀书社，1991 年。

④王家祐：《记四川彭县竹瓦街出土的铜器》，《文物》，1961 年第 11 期。

⑤《成都战国土坑墓发掘简报》，《文物》，1982 年第 1 期。

⑥《成都京川饭店战国墓》，《文物》，1989 年第 2 期。

⑦《成都三洞桥青羊小区战国墓》，《文物》，1989 年第 5 期。

⑧周曰琏：《四川芦山出土的巴蜀文化器物》，《考古》，1991 年第 10 期。

⑨李晓鸥、刘继铭：《四川荥经县烈太战国土坑墓清理简报》，《考古》，1984 年第 7 期。

⑩《四川犍为县巴蜀土坑墓》，《考古》，1983 年第 9 期。

⑪宋治民：《大渡河南岸发现蜀式青铜剑》，《考古与文物》，1985 年 6 期。

⑫四川凉山彝族自治州博物馆、越西县文化馆：《四川越西华阳村发现蜀文物》，《文物资料丛刊》（第 7 辑），文物出版社，1983 年。

⑬及康生：《商周时期的蜀文化与南方丝路西线的关系》，《南方丝绸之路文化论》，云南民族出版社，1991 年。

⑭张弗尘：《四川石棉县考古调查》，《考古》，1982 年第 2 期。

⑮刘弘：《川西南大石墓与邛都七部》，《文物》，1993 年第 3 期。

⑯段渝：《玉垒浮云变古今·古代的蜀国》，四川人民出版社，2001 年。

⑰⑱刘弘：《巴蜀文化在西南地区的辐射与影响》，《中华文化论坛》，2007 年第 4 期。

⑲峨眉山文物管理所、自然科学研究所：《四川峨眉县战国青铜器的科学分析》，《考古》，1986 年第 11 期。

⑳何堂坤：《部分四川青铜器的科学分析》，《四川文物》，1987 年第 4 期。

㉑雷喻义：《巴蜀文化与四川旅游资源开发》，四川人民出版社，2000 年。

㉒唐长寿：《嘉眉稽古录》，2001 年。

㉓曹学佺：《蜀中名胜记》，重庆出版社，1984 年。

陈黎清：峨眉山博物馆原馆长，文博研究员，峨眉学研究员。

佛教文化的法律影响与现实冲突

彭　健

摘　要：佛教是一种典型的人本主义宗教，又是一种世俗化的宗教，故佛教文化对世俗社会具有广泛的影响力，如其众生平等的理念、人本主义思想、寺院财产的集体所有制、慈善布施等。中国旅游业的产业化开发导致了佛教寺院的景区化、商业化，宗教活动场所法人制度的设立又打破了佛教传统的组织管理模式，由此产生了一些现实冲突。

关键词：佛教文化　法律影响　冲突

佛教文化是佛教特有的一种生存方式，它是有关佛教的各种宗教思想、心理、认知、现象的总和。从禅宗创宗立派的佛教中国化始，佛教便已深深植入到我们的文化中，佛教四大名山（佛教四大道场）的确立，普陀山“观音文化节”、峨眉山“普贤文化节”等的滥觞，更彰显了佛教文化广泛的影响。

佛教是一种典型的人本主义宗教，这与其他权威主义宗教（个人屈服于神的力量）不同，它以人的力量为中心，强调自力，反对借助他力；佛教的目的不是服从，而是个人的修行圆满，所谓众生平等、人人皆可成佛即是此意。中国佛教可以说是一种世俗化的宗教，正如禅宗六祖慧能所言：“佛法在世间，不离世间觉，离世觅菩提，恰如求兔角。”[①]

佛教的人本主义精神，对人和人性的关怀，反映了法的现实规范性特点，印证了一切法的关系都是人的关系而非神的关系。佛教的世俗化形成了众多的世俗法律观，其对法律的作用方式是间接的、潜移默化的。

一、佛教文化对法律的影响

对佛教文化的研究，我们多泛泛论及它的思想、道德、文学、艺术影响，而极少关注它对法律的影响，尤其是世俗化因素导致它深深地隐藏在现实生活的背后，而不似政教合一的权威宗教经典在法律中的显性表现。

（一）众生平等的佛教理念的影响

十六国时期，译经大师昙无谶在翻译《大般涅槃经》时提出“以佛性等故，视众生无有差别”。不过此处的众生仅指有情众生（有心智、情感）。后经魏晋南北朝大争议，隋唐创宗，至禅宗牛头宗之“青青翠竹尽是法身，郁郁黄花无非般若”[②]，有情众生被推广至无情众生，从而使众生平等的理念更为充实广泛。

穿过历史的帷幕，我们惊异地发现人人平等这一普遍的社会价值观的确立，佛教的众生平等理念起了积极的作用，它甚至影响了 19 世纪近代资产阶级革命“法律面前人人平等”口号的提出。

佛教的众生平等不仅指有情众生，如不杀生、护生灵而修慈行，还包括无情众生，认为无情识的山川日月、草木瓦砾均有佛性，或可成佛。正如东坡先生偈云：“溪声便是广长舌，山色岂非清净身!”[③]佛教把世间乃至宇宙看成一个大系统，将低等动物、无生命的山川草木提到与人平等的地位，认为它们都有平等生存发展的权利，而不仅仅是能为我们所利用的外物。这些认知，不但先于当代的环境保护和动物保护理念，而且两者至今也是契合相通的。

（二）佛教人本主义思想的影响

佛教的人本主义色彩使它不同于其他权威主义宗教。佛教强调自力、主体的自觉、德行的自我实现，反映了其注重对人的关怀、人的行为的规范调整。佛教这种注重人的自觉自悟，要求人的自我约束、行为规范、责任承担，也是现代法律归责原则的基本精神。

基于人本主义精神，佛教极为重视对人的思想、心理的改造修正，注重内心的忏悔而非肉体的惩罚，有包容天下、宽容万恶之胸襟。正如纪昀在《阅微草堂笔记》中云："夫佛法广大，容人忏悔，一切恶业，应念皆消。放下屠刀，立地成佛。"

佛教不仅将忏悔作为一种惩罚措施，还将其作为一种预防、教育的手段，辅以因果报应、六道轮回，以之警示世人回心向善。《大藏经》曰："忏则忏于已往，悔则悔其将来。"[4]佛教注重忏悔，实有极大的社会教化作用，也契合现代法律的价值追求，同惩罚与教育相结合的刑事政策有异曲同工之意。

（三）寺院财产集体所有制的影响

寺院的土地传统上主要来自世俗施主捐施（曰"施斋田"），寺院的房屋也主要来自捐施，它们由具有一定法缘关系的寺院僧侣集体所有，从而打破了封建时代的家庭私有制，形成了一种特别的财产共有关系——寺院集体所有制。加上"百丈清规"的"一日不作，一日不食"，形成了一种共同劳作、共同拥有的公有主义制度。

寺院财产集体所有制的稳定持续得益于传统佛教对僧人拥有私人财产的禁止，以及对寺院财产析产或产权转移的严格限制，并因此发展形成了僧侣财产集体继承制。

寺院财产集体所有制对于现实的经济制度、物权制度均有积极意义，有助于我们研究现今寺院财产制度，也有利于我们依法依规对寺院财产进行确权保护。

（四）佛教布施的慈善影响

佛教极重布施，将其视为六度之首，认为通过布施既可为他人造福，也可为自己积功德。至大乘时代，布施变为财施、法施、无畏施三种，与大慈大悲相联系，用于普度众生，惠及一切有情。

佛教关于布施的财富观和慈悲情怀对现今的慈善事业具有极大的启迪意义。南北朝时期佛教寺院设立的"无尽藏"（以无尽藏物，布贫下众生）用以救济贫穷百姓，实是世界上最古老的"慈善基金会"，之后如唐代的"悲田养病坊"、宋代的"福田院"，渐成有系统的社会慈善事业。佛教在历史上众多服务大众、利益大众的善举，让它得到了大众的广泛认可和普遍参与。

佛教的慈善之举对当今社会的慈善事业的发展和慈善立法、制度建设都有积极的影响和重要的借鉴意义。

二、佛教文化的现实冲突

佛教文化在对世俗社会产生宗教影响之时，也在呼唤着现实法律对它的认可、支持和保护，两者在共存发展中也存在着矛盾冲突，这既反映在法律理念、法律制度上，也表现在法律的实施中。就佛教而言，目前突出地反映在寺院的景区化、商业化问题上，包括宗教活动场所法人制度设立带来的冲突。这在佛教名山峨眉山也同样存在。

（一）佛教寺院的景区化问题

佛教寺院的景区化问题是指佛教寺院因景区的设立而面临的环境变化和各种泛景区管理问题。“天下名山僧占多”，而名山的景区林立直接导致了佛教寺院的被景区化，寺院从悠然清修之地被化入了凡尘飞扬之世，被以旅游、以经济发展为主的景区所包围。

景区是可供人们观赏的特定区域，主要依据《风景名胜区条例》进行管理，而寺院是佛教自身的宗教活动场所，主要依据《宗教事务条例》进行管理。《风景名胜区条例》第三十四条明确规定：“风景名胜区内宗教活动场所的管理，依照国家有关宗教场所管理的规定执行。”寺院的景区化本身并不改变寺院的性质，也不应改变寺院的宗教管理模式，更不应影响寺院内的宗教活动及清静禅修。然景区化对景区寺院有很大影响，如僧众信众在景区的出入问题、景区寺院发展为景区规划所制约等问题。怎样确保景区寺院特有的宗教性质和地位，怎样维护寺院的清净庄严，这是目前众多佛教寺院不得不面对的挑战。

景区寺院在景区中的特殊地位和利益关系问题，2004 年公布的《宗教事务条例》第二十六条规定：“以宗教活动场所为主要游览内容的风景名胜区，其所在地的县级以上地方人民政府应当协调、处理宗教活动场所与园林、文物、旅游等方面的利益关系，维护宗教活动场所的合法权益。”这一规定有着三层含义：一是作为景区主要游览内容的景区寺院有特殊地位，二是景区寺院与景区存在利益关系，三是由景区所在地县级以上政府帮助协调两者利益关系。这对景区寺院的地位、景区寺院与景区的利益关系、协调主体与方式均有明确规定，尤其第三层含义中这种由上位的第三方协调利益关系的规定，实际是把寺院和景区放在了一个平等的、至少利益关系平等的地位上。2017 年修订的《宗教事务条例》第三十四条规定：“景区内有宗教活动场所的，其所在地的县级以上地方人民政府应当协调、处理宗教活动场所与景区管理组织及园林、林业、文物、旅游等方面的利益关系，维护宗教活动场所、宗教教职人员和信教公民的合法权益，保护正常的宗教活动。”这次修订取消了“以宗教活动场所为主要游览内容”的限制，强化了对景区所有宗教活动场所的利益协调和权益保护。

（二）寺院的商业化问题

商业化是指寺院面对市场经济的过度利益化反应。早期佛教是禁止僧侣从事商业活动的，如印度佛教的托钵乞食、不作而食。在佛教的中国化过程中，寺院经济开始出现，然其目的也仅在于满足寺院本身的生存需要。我们必须看到佛教是利他的，如财产的布施，而商业是利己的，是追逐利益的，这两者是矛盾对立的，它们有着截然不同的性质和价值追求。

而今寺院几乎被现实的“市场经济”“旅游经济”所“围剿”，出现了寺院的“被商业化”“商业化”两种情形。一方面佛教的静修、禅茶文化被过度商业化消费，与佛教教义不符；另一方面，有些地方的个别寺院泛起的寺院承包制，使寺院成为一个直接敛财谋利的工具，这是对佛教教义、声誉的极大伤害，这可以称为寺院自身的积极“商业化”行为。

寺院的“商业化”相对应的是“去商业化”问题，是让寺院回归佛教本义的问题。寺院绝不是一个经济组织、谋利机构。我们承认中国佛教的寺院经济是客观存在的，但需要明白的是它的定位和目的，它是服务于寺院的生存发展和佛法弘扬的。其实，现代社会佛教寺院经济模式是一个值得认真研讨的课题，如香港地区寺院的“财团法人”机构、上海寺院的“功德会”组织等均是对此的积极回应。然不论怎样，寺院经济一定应是在“去商业化”旗帜下进行的。

在寺院的“去商业化”中，政府具有重要乃至主导作用，政府不应再将寺院作为经济消费对象，而应帮助寺院建立与其所需相适应的寺院经济模式，规范与寺院相关的“商业化”经济行为，还寺院以清静庄严。

（三）宗教活动场所法人制度设立的影响

目前中国的佛教组织基本构架仍是以佛教协会（全国和地方）为主体，各寺院为协会下属组织，未取得独立法人地位，这在景区的佛教寺院管理上尤为明显。以峨眉山景区为例，目前其仍是以峨眉山佛教协会为唯一的法人组织，景区各寺院人、财、物接受佛教协会的统一管理。

是否给予宗教活动场所在宗教协会组织之外的独立法人资格，这一问题已争议多年，在原《中华人民共和国民法通则》和《宗教事务条例》中均无规定，这导致宗教活动场所法律地位虚化，实际利益得不到及时有效的保护。

2017年颁布实施的《中华人民共和国民法总则》第九十二条规定：“依法设立的宗教活动场所，具备法人条件的，可以申请法人登记，取得捐助法人资格。”2017年修订的《宗教事务条例》第二十三条规定：“宗教活动场所符合法人条件的，经所在地宗教团体同意，并报县级人民政府宗教事务部门审查同意后，可以到民政部门办理法人登记。”由此设立了我国宗教活动场所法人制度。这一制度的设立打破了传统的以佛教协会为基本组织构架的状况。按《中华人民共和国民法总则》的规定，景区各寺院均可取得独立法人资格，均可对寺院自身的人、财、物实行独立管理，由此带来的管理体制和利益的冲突是非常明显的，怎样解决这一问题需要各方努力。

佛教文化的许多理念、制度不仅具有极大的历史影响，而且与现行法律制度也有诸多相通之处，仍具有广泛的生命力，然而这种历史的共鸣并不能证明它能轻易获得现实的回应，仍然存在着现实冲突，因此，这些现实冲突是不是应有的、必然的，是不是有利于我们的依法治理与宗教的和谐发展的，这或许才是研讨的意义和价值所在。

注释：

①慧能：《六祖坛经（曹溪原本）》般若品第二。
②任继愈主编：《佛教大辞典》（上），凤凰出版社，2011 年，第 304 页。
③王文诰辑注：《苏轼诗集》第四册，中华书局，1982 年，第 1218 页。
④黄夏年、净因主编：《大藏经精选标点本》卷六，九州图书出版社，1999 年，第 1427 页。

彭健：四川省律师协会副监事长，乐山市律师协会会长，乐山市政协社法委副主任，民革乐山市委会副主委，四川仙山律师事务所主任，峨眉学研究会副会长。

峨眉山寺院群体建筑布局考

汤明嘉

摘 要：本文简要论述了峨眉山寺院群体建筑的历史、科学、艺术以及布局规律，以伏虎寺、洪椿坪、遇仙寺为实例，揭示峨眉山群体建筑布局的文化内涵和艺术特征，为充分认识了解峨眉山文化遗产价值，更好保护和利用峨眉山群体建筑提供了很有意义的借鉴。

关键词：峨眉山　寺院　建筑布局

中国佛教名山中，峨眉山作为“普贤道场”，其寺院建筑规模可谓首屈一指，布局巧妙。全山现有大小寺院建筑 30 座（含市区），其中古建筑面积近 10 万平方米，有 21 处分别被国家、四川省、乐山市公布为文物保护单位。其中国家重点保护单位“峨眉山古建筑群”面积占近一半，群体建筑文化内涵极其丰富，有较强的观赏和实用价值。1996 年，不少具有代表性的建筑被联合国教科文组织列入《世界文化与自然遗产》名录。

我国古代建筑大体分为宫殿、陵墓、寺观、民居四大类型，诸如楼、台、亭、阁、堂、宫、殿、衙、署、住宅、园林等，是人们赖以生存的环境之一。它不仅作为生产、生活的物质条件而存在，同时反映了不同时代的政治、经济、文化特征，具有较高的历史、科学和艺术价值，是见证人类文化、文明的重要实物。

峨眉山群体建筑是寺院的总称，充分体现了“国兴佛因盛，民殷香火旺”。峨眉山寺院建筑历史久远，早在西周时期，就有道人来峨眉山修炼传道。古时的峨眉山，丛林荆棘遍布，荒无人烟，山中无路可寻，道人们风餐露宿，以茅棚洞穴为栖身地。由于生产力低下，加之受社会条件所限，在山中修炼传道谈何容易！峨眉山寺院建筑是由“洞穴—茅棚—单体建筑—连体建筑—群体建筑”逐步发展起来的，一代又一代虔诚的僧俗道人持之以恒，不断延续和发展，使之成为殊胜之地。目前，关于峨眉山寺院建筑流派，在学术界尚无定论。

寺院是弘法利生的重要载体，是僧侣生活居住和供奉佛像的地方，又是坐禅、念经、布教的主要场地。峨眉山寺院香火不断，在南宋时期就开始兴盛，其中有一段佛道并存的特殊时期，而最繁荣的时期当属清末和民国，最兴旺时有大小寺庵约两百处（含今市区），五里一亭，十里一庙，随处可见。山上寺院创建年代都较早，不少寺院始建于唐中晚期，宋、元、明、清又不断增修扩建，虽历经火灾和自然损毁等，仍有不少寺院被保存下来。1952 年和 1979 年国家分别拨专款对全山寺院进行大型维修，文物部门根据计划安排划拨专项补助资金，对部分古建筑进行修缮。峨眉山景区（含市区）现存寺院建筑有报国寺、善觉寺（二坪）、伏虎寺、雷音寺、纯阳殿、神水阁、中峰寺、清音阁、牛心寺、白龙洞、慈圣庵、万年寺、息心所、初殿、华严顶、遇仙寺、洪椿坪、仙峰寺（九老洞）、洗象池、灵觉寺、接引殿、太子坪、万佛阁、卧云庵、华藏寺、广福寺、罗峰庵、飞来殿、磁佛寺和大佛禅院等，形成了一个庞大的寺院建筑群体。关于以上建筑的建造年代，经过大量实地调查和文献考证，从严格的意义上讲，除万年寺砖殿外，均为清末、民国时期以及新中国成立后建造。

一、地域因素

我国汉传寺院建筑南北差异较大，材料有所区别，布局装饰特点非常明显。北方寺院多为大木结构，宫殿特征，坚固封闭，材料采用砖石、泥木条、琉璃瓦等；而南方正好相反，因地而异，规模大小不论，小到几十平方米的茅庵，大到上万平方米的大寺，大部分未采用砖石台基，尤其在广袤的山区，只需在原址上加以平整，形成适当的平台，用土石筑保坎，形成阶梯状，并没有特定的形制，布局灵活巧妙。如峨眉山伏虎寺、洪椿坪、遇仙寺、雷音寺等，不拘形式，独具一格。全山建筑除万年寺的砖殿、大佛禅院、华藏寺外均为木结构，手法简朴。峨眉山因地处亚热带地区，全山跨越几个气候带，雨量充沛，植物茂盛。历史上，寺院在建筑材料上可以说是取之不尽，随意性很大。

二、功德因素

历代高僧除了弘法利生外，大兴土木、修桥补路、广结善缘是他们一生的追求。一般来说，寺院住持以及方丈的功德福报莫过于修庙塑佛像，总要千方百计地把寺庙修好扩大，流芳百世。在修建方面，有的规划靠一代人没法完成，因为修建规模一次比一次大，如伏虎寺等。修庙离不开布施，香火的旺盛与否又是决定寺院建筑规模的重要因素。峨眉山作为普贤道场，历来香火较旺。在寺院修建中，要广结十方善缘，争取更多资金。还有个人认捐的，如仙峰寺“餐秀山房”就有一定的代表性，它是一位国民党将军夫人独资捐建的，目前仍立于寺中。

三、灾害因素

峨眉山寺院分布在峨眉山脚到山峰，海拔 386～3099 米，绝大部分是木结构，分散距离较长，所处地方山高风大，水源短缺，火灾是寺院建筑最具威胁的杀手之一，扑火难度大，一旦火势形成就不可收拾，许多著名的建筑和珍贵文物化为灰烬。千座名山一座顶的“金顶华藏寺”就这样被大火烧尽，造成不可估量的损失。

四、布局手法

峨眉山现存寺院建筑年代较晚，基本上未有“官式”痕迹，布局有很大的随意性，但有一点不可回避，就是凸显了川西南民居特色。综观历史，凡是布局讲究、庄严气派、香火兴旺的寺院，都有一位德高望重、聪明能干的方丈。峨眉山地处四川盆地西南，受地域文化的影响，工匠艺人都来自民间，传统工艺与寺庙建筑手法相融；穿斗式构架、重檐、单檐，歇山、悬山、硬山、小青瓦（木皮）屋面、素脊、如意踏道、素面台基等，一般以主殿（大雄宝殿）为中心，向前后左右扩展，坐多级平台，纵轴线各有千秋。

峨眉山寺院依山就势特征显著。因为地形的差异，布局千姿百态，但峨眉山寺院建筑始终风格鲜明，既在相似中体现共性，每个寺院又有明显的个性。从共性来看，建筑的意境更多地强调“含蓄”和“幽雅”，讲究“藏”和“隐”。从个性来看，主要体现在建筑的亮相和衬托、环境和建筑本身的拟人化，倾注了建设者的心智和理念。

在选址上，峨眉山寺院基本上是因地而异，交通和水源是重要的参考条件之一，朝向大同小异，多为坐西南朝东北。在两百多里的游山道两侧，山峦叠翠，群峰突起。在这样的环境下要寻找理想的地势也不容易。历代僧人在选址上充分利用地形、风水、环境、阴阳等方面的经验，因势利导，顺应自然，使峨眉山群体建筑更富有内涵，下面略举实例。

（一）伏虎寺建筑群

1. 历史沿革

伏虎寺地处峨眉山瑜伽河和虎溪河的交汇处，伏虎岭下，坐西南朝东北，海拔 630 米。该寺始建于南宋绍兴年间，时名龙神堂，明崇祯年间更名为“药师殿”，清顺治年间又更名为“虎溪禅林”或“伏虎寺”，前后修建二十余年，规模为全山第一。全寺为穿斗式木结构，个别主殿当心间采用抬梁式构架，重檐歇山，小青瓦屋面，穿插严密，殿堂分坐多级平台，纵轴线不对称，从罗汉堂后殿至伏虎寺牌坊，自然延伸超过 400 米，落差近百米。

整个建筑群由伏虎寺坊、虎溪三桥、布金林坊、弥勒殿（天王殿）、离垢园、大雄宝殿、御书楼、华严铜塔亭、罗汉堂、玉观堂等厢、斋、禅房组成复合式四合院，建筑面积约 15000 平方米。

2. 独特的寺观园林

前庭部分，沿山道而上，首先亮相的是伏虎寺牌坊，隐露在密林前序，以坊代门，引示来人。过门坊忽见林中廊桥，名曰虎浴、虎溪、虎啸三桥。平桥一波三折，横跨溪中，均施回廊，首尾相应，曲径通幽。过三桥拾级而上，抬眼望，又见“布金林”坊，承上启下，虎溪精舍（弥勒殿）高高在上，从而引出伏虎寺建筑主体。循序渐进，引人入胜。整个前序三桥二坊布局，不受空间地势所限，深处密林深处，在高差 30 多米的环境中，利用自然山水进行巧妙组合，相互关联又凌而不乱，独具匠心。

前殿虎溪精舍（天王殿），两侧供四大天王，威风凛凛，令人敬畏。第二殿普贤殿，殿右的离垢园久负盛名，屋面于密林深处，而四季从不积枯枝落叶，有远离世俗而一尘不染之感。这一建筑上的奇特现象，只能从空气动力学中求解。檐下高悬的“离垢园”匾为清康熙皇帝御题，旁边的“御书楼”与主殿的厢房形成跨院，背靠伏虎岭，庭院深深。最后是大雄宝殿，高大雄伟，为全山第一大殿。

3. 人文自然和谐统一

伏虎寺周围环境幽静，两面临溪，被参天桢楠环绕，奇花异草，枯蝶（枯叶蝶）纷飞。寺左可观“萝峰晴云”，蓝天白云下常形成奇妙的现象，浮现于萝峰岭上，云雾缭绕，美丽壮观，为古“峨眉十景”之一。近处“罗汉堂”雕塑群乃峨眉山艺术珍奇，香客游人络绎不绝。

该寺深藏山水密林之中，蕴藏着丰富的佛教文化和艺术内涵。寺内元代修建的“华严铜塔”工艺精湛，造型独特，可称巴蜀精品。全寺诗词匾联众多，集历代名人墨宝，为古刹增辉。

（二）洪椿坪建筑群

上清音阁过万缘桥，穿过“洞天首步坊”左转右拐，忽见山门，“犹抱琵琶半遮面”。洪椿坪寺地处海拔 1200 米的天池峰下，创建于北宋初年，明时续建，清代扩建，几经火灾后又逐渐恢复。寺院建筑布局富有特色，寺名妙趣。寺初名“千佛庵”，寺左有三棵洪椿树，清乾隆时寺院失火，殃及此树，但并未枯竭。《庄子》的记载中，洪椿以八千岁为春，以八千岁为秋，是一种神树，故以洪椿树而名，可喻佛教长兴之意。

因地而异，取之用尽。在天池峰下的脊梁上取之一截，背托山峰，三面临壑。整个寺院旁瞻大坪岭，左仰宝掌峰，右观小尖峰。其在设计手法上与众不同，山门外无一平地，以山林岩石为依托，与正殿纵线不一。山门开在寺前左厢房处，以“洪椿晓雨”照壁和右厢房再加上弥勒前殿组成四合院，坐一级平台。二级平台上的大雄宝殿，从视觉上看，高差应和前殿一样，但实际情况则不同，为什么呢？实因地势而异，为了节约用材，增加美观，底层实为夯土台基，只是用木板将外壁封闭后稍加装饰，确实奇妙。后殿（普贤殿）与两侧回廊及大雄殿又组成一个半封闭式梯级四合院。全寺窗棂繁多，窗花精美，艺术氛围浓郁。除前面“洪椿晓雨”照壁外，全寺没有一处围墙，但布局严密，结构紧凑。“天当被，地当床，壁为墙”，巧妙地利用了该地的自然空间。该寺常有似雨非雨、雾雨蒙蒙的景致，被誉为“洪椿晓雨”，为古“峨眉十景”之一。

（三）遇仙寺建筑

遇仙寺是目前峨眉山建筑规模最小的一座寺院，有不少传说故事。该寺位于九岭岗下约 250 米处，海拔 1700 米，三面临绝壁。寺建于清同治元年（1862），初为高僧静修的地方，后辟而为寺。原入寺需穿过一洞，据传此洞在东汉时就有隐士居住。该寺坐西向东，单檐悬山式屋顶，木皮屋面（后改为铝皮），穿斗式梁架四穿用五柱，面阔三间 13.9 米，进深三间 7.95 米，通高 7.5 米，素面台基高 2.1 米，阶梯踏道 14 级，建筑面积不足 120 平方米，是一座十足的山庄野舍。从华严顶、连望坡、仙峰寺等地回首，遇仙寺犹如一颗璀璨的明珠，镶嵌在峨眉山群体建筑之中。

由此可见，峨眉山寺院群体建筑是峨眉山文化遗产的主要组成部分，是景区不可再生的重要资源。

汤明嘉：峨眉山博物馆文博副研究员，峨眉学研究员。

峨眉山道教溯源

朱华高

摘　要：峨眉山是有名的道教仙山。自张道陵创立道教并把峨眉山列为道教治区之一，已有近两千年道教史。峨眉山道教在唐宋时达致兴盛，后逐步衰微，但道教活动在峨眉山从未停止。

关键词：峨眉山　道教　溯源

一、峨眉仙山邈难匹

千百年来，四川省峨眉山被视为修身养性的道教仙山。“蜀国多仙山，峨眉邈难匹。”这是一千多年前唐代大诗人李白赞美峨眉山的诗句，流传至今，脍炙人口。这说明峨眉仙山早在唐代就已声名远播。

据道教史籍，峨眉山曾经叫皇人山。《山海经·西山经》载：“又西五百里，曰皇人之山，其上多金玉，其下多青、雄黄。皇水出焉，西流注于赤水，其中多丹粟。又西三百里，曰中皇之山，其上多黄金，其下多蕙、棠。又西三百五十里，曰西皇之山，其阳多黄金，其阴多铁，其兽多麋、鹿、牸牛。”[①]

另有记载，皇人山之称乃天皇真人（又名天真皇人、皇人）下降峨眉山之故。道教专著《五符经》载：“皇人住峨眉山北绝岩之下，苍玉为屋，黄帝往授三一五牙经之法。”[②]道教传说，太上老君又叫“天皇真人”，他因收轩辕黄帝为徒而下降皇人山（峨眉山）。轩辕黄帝闻听皇人山乃人间仙境，天皇真人文武双全，在此论道，便欲拜求治国之道。一个要拜师，一个要收徒，可谓心有灵犀，成就了轩辕问道峨眉山的一段佳话。宋朝张君房《云笈七签》载："轩辕氏兴，以上皇元年十月五日，老君下降于峨眉山，授黄帝《灵宝经》。"

关于轩辕问道峨眉山，最早见于《魏书·释老志》："道家之原，出于老子。其自言也，先天地生，以资万类。上处玉京，为神王之宗；下在紫微，为飞仙之主。千变万化，有德不德，随感应物，厥迹无常。授轩辕于峨嵋，教帝喾于牧德。"《魏书》是正史，可见峨眉山在魏晋时期已成仙道家活跃之地，而且已被纳入官方典籍。

若如此，峨眉仙山应已有五千年历史。

天皇真人授道之"峨眉山北绝岩"今何在？据史料，就是今日之凤凰坪，古称宋皇坪。报国寺后有一座寺庙曰善觉寺，地名二坪。沿善觉寺后山小道曲折前行约 40 分钟，便到了一处数百亩广大的高山坪地，林木森森，空气清新，仰望蓝天，令人心旷神怡，此乃传说中的神秘所在宋皇坪。

宋皇坪上曾建有一座规模宏大的道观宋皇观。清乾隆五年（1740）刻《峨眉县志》卷四《祀典》载："宋皇观，县西山十三里，邑址来脉布障处，上古皇人授道于此，故宋观之。今坪已属僧，而志仍存观者，惜之也。……上遗废寨，垣未尽泯。古有授道台，早归湮没。"③卷六《仙释》载："广成子。昔黄帝问道于天皇真人，即成也。今之宋皇观是其授道处。按《峨眉图经》，皇人中皇西皇即所谓三峨也。"④

宋皇坪有周长约 5 公里的古城墙遗迹，绝大部分已坍塌，今仅存一段高约 2 米、顶部宽约 1.5 米、长约 300 米的城墙。

轩辕在宋皇坪授道后，还遍访峨眉山，留下不少遗迹，如清音阁外的轩辕桥、清音阁至九老洞的三望坡等。其中，最具传奇色彩的当数九老洞。明大学士胡世安游峨眉山后，在《译峨籁·道里纪》中云："最奇者，莫如九老仙人洞。昔黄帝访广成子天皇真人游此，遇一叟洞外，询'有侣乎'？答以'九人'，今名以此。"⑤所谓九老，即天英、天任、天柱、天心、天禽、天辅、天冲、天芮、天蓬九人，他们都是天字辈，乃道家九老。

轩辕问道峨眉山之后，有西周羌人葛由骑羊上绥山（二峨山）修仙之故事。汉刘向《列仙传》载：周成王时，西北羌人葛由骑木羊到蜀国的绥山修道，蜀国有不少王公贵人随行到了绥山，这些人都得道成仙。唐代著名诗人李白向往“倘逢骑羊子，携手凌白日”的诗句说的就是葛由骑羊修仙之事。

葛由骑羊上绥山的故事，在今峨眉山市乐都镇、九里镇、罗目镇一带仍广为流传。乐都镇顺江村 12 组，古地名羊镇，当地人说，镇名来历就是当年葛由骑羊路过此地过夜，后来又不时下山来此赶集，和当地人交上朋友，故名羊镇。唐时，此地曾是绥山县治所。

葛由一行上绥山后，曾以当地水果蟠桃为食。据称，蟠桃乃仙桃，人吃后可以成仙。二峨山今尚有葛由修仙遗址葛由洞，有蟠桃产地桃林村。晋人干宝所辑《搜神记》载：“绥山产桃，仙人所食，故里谚有云：得绥山一桃，虽不得仙，亦足以豪。”

《译峨籁·道里纪》云：“二峨山在本山（大峨山）南三十里，名覆蓬，以形似，又名绥山，右有绥山县治，高减大峨之半，据南方。上有天池，其傍则葛由洞，即骑木羊往来处。”⑥

若如此，峨眉仙山则有三千年的历史。

到峨眉山隐修的还有一位知名人物，是春秋时期楚人陆通，字接舆。这是一位出名的狂人，活跃在周灵王（前 571—前 545）时期。他曾以凤凰喻孔子，讽刺他在天下无道时却不隐去，是一种德行衰败的表现。周灵王慕其才，请他到朝廷做官，他不但坚决拒绝，还背着炊具，带着妻子，改名换姓，来到峨眉山隐居。今峨眉山神水阁旁有一遗迹歌凤台，传说就是陆通隐居处。

汉刘向《列仙传》载：“陆通者，云楚狂接舆也。好养生，食橐卢木实及芜菁子。游诸名山，在蜀峨嵋山上，世世见之，历数百年去。”⑦

因天皇真人峨眉山授道和陆通接舆峨眉山隐逸之事，宋太宗赵光义曾为普贤寺撰联：“天皇真人论道之地，楚狂接舆隐逸之乡。”

峨眉山不但神仙云集，而且还藏有秘不示人的经书。1991 年版《峨眉县志》载，据《神仙传》：“阴长生制黄表丹经，储以黄金之简，刻而书之，封以白银之函，置之绥山。”⑧

峨眉山之谓仙山，还因峨眉山乃仙道的洞天福地。道教称峨眉山是三十六洞天中的第七洞天，又名灵陵太妙之天。《三皇经》云：“人天中有三十六洞天，兹当第七洞天，一名虚灵洞天，一名灵陵太妙洞天。”相传，纯阳殿旁的千人洞即第七洞天的洞府遗址。洪椿坪寺外山腰处今尚有一坊，上书“洞天首步”四字，意指凡人入山至此，即开始进入仙家的第七洞天。

《洞天福地记》称：“第七洞天峨眉山，周回三百里，名‘灵陵太妙之天’，在蜀嘉州，真人唐览治之。”⑨

凡此种种，奠定了峨眉山“蜀国仙山邈难匹”的坚实基础。

二、峨眉山道教的兴起和发展

峨眉山有仙有道。或问：何时有道？峨眉山第一个道士是谁？峨眉山最早修道地点在何处？

我国道教创立的重要标志是东汉顺帝时期（126—144）张陵在今四川大邑县鹤鸣山创立五斗米道。

四川大学宗教研究所卿希泰、唐大潮所著《道教史》一书中指出：诞生于东汉顺帝、桓帝的早期道教两大派别——五斗米道和太平道，主要活动于民间。张陵将其道治分为二十四个教区，其中犍为郡的是稠梗治（峨眉县其时为犍为郡所辖——笔者注）。⑩

卿希泰在《关于峨眉山佛道兴衰的历史演变刍议》中指出：“可知峨眉山在汉晋以前即与修道成仙的传说联系起来了，因此，很自然地就成为道教的名山之一。……从峨眉山与具体道派的关系来看，首先与早期的五斗米道有直接的联系。五斗米道最早所建立的教区称为‘治’。”张陵、张衡、张鲁等道教著作“均把峨眉列为‘八品游治’之一”。“如果峨眉属于张鲁所创八品游治的记载属实的话，则在汉末的时候，峨眉已是五斗米道的一个教区。”⑪

以此而论，峨眉山道教兴起于汉末张陵创教之时。此前峨眉山究竟有无道士？笔者以为，肯定是有的，姑且称为“道人”。他们是峨眉山成为道教之山的基础，也是张陵来蜀地创教的基础。

1997 年版《峨眉山志》载：“峨眉山离鹄鸣山不远，在三国之时就传张道陵上了峨眉山，不过当时地僻林深，坡宕陡险，道士们只能在半山上平缓地带，搭棚修住，或在岩洞中寄生。这时，因人数少，影响小，未引起人们注意，史料无载。”⑫这说明早在张陵创教以前，峨眉山道士的活动已很活跃。

再结合葛由、陆通在峨眉山隐修成仙的史料，可以进一步明了峨眉山仙道活动乃张陵在蜀中创教的重要基础之一，这就是张陵创教的实践基础。

凡此种种，若以张陵创立道教为时间节点，则峨眉山道教历史上限当在东汉顺帝时期，距今近两千年。

到了晋代，峨眉山上道士日增。西晋时期，乾明道士建了峨眉山第一座颇具规模的道教宫观——乾明观，观中有道士百人，道教至此在峨眉山上扎了根。乾明之前的道士，因是散居洞穴，各自隐修，故不知其人数多少和姓甚名谁。然仅乾明一观就聚集道士百众，可见其时山上道士已颇具规模。

乾明观的建立在峨眉山道教史中具有标志性历史意义。由此可以明确，峨眉山道教的创立至迟在西晋时期（266—316），至少已有1700年；同时，它不但表明了峨眉山道士从穴居修道发展到宫观修道，而且有了一个道教集中活动的阵地。

唐代是峨眉山道教鼎盛时期。

孙思邈就是当时有名的道教医药家。孙思邈来峨眉山修道期间，招收徒弟，炼制丹砂，遍寻峨眉山丰富的中草药资源，成功研制风湿膏药“老鹳膏”。据传，他还在峨眉山的白蜡树上发现蜡虫这种微生物从繁殖到分泌蜡汁的现象，遂和当地山民共同探讨，发明了虫白蜡的加工方法。

峨眉山人对孙思邈极其崇拜，不少庙宇都供奉了这位药王菩萨。1991年版《峨眉县志》载：“孙道士的光临，对峨眉山道教的发展，有很大的促进作用。唐太宗因自身姓李，认老子为祖宗，诏谓‘朕本系出于柱史’，遂崇奉道教，封老子为‘太上玄元皇帝’，这自会助长道教的气势。”⑬峨眉山还流传着唐太宗巡视四川驻跸成都时，梦见孙思邈托梦，向他祈求武都雄黄。唐太宗依梦所示，派臣下给孙思邈送去十斤武都雄黄。如今，峨眉山上还有一块硕大的玄黄色石头，传为唐太宗所送雄黄置放处，故名雄黄石。

吕洞宾是唐朝末年有名的道士，被后来创立的全真道尊奉为北方五祖之一。据传，他曾来二峨山猪肝洞隐居，同时在大峨山传道，“朝游龙门，夜宿猪肝”，很是忙碌。他把猪肝洞命名为“紫芝洞”，刻一石碑，竖于道旁，旁注“一山五口道人书”。吕洞宾后来又到大峨山十字洞修道，并在神水阁旁大石上书“大峨”二字。后人在其修道地旁边建吕仙行祠，可见其对峨眉山道教的发展颇有影响。

唐朝时峨眉山道士王仙卿已是全国知名道士。唐开元十四年（726），唐玄宗命选道门诸大德进京，峨眉道士王仙卿即在其列，可见其乃当时峨眉山一位有德的知名道士，也可见峨眉山道教在当时已有相当规模和知名度。

唐代峨眉山道士群体亦有相当规模，典型的事例莫如宋皇坪上的道观静室。1991 年版《峨眉县志》载：“在唐代晚期，有位道士在传说中的天皇真人向黄帝授道的地方——授道台，修了茅屋（静室）305 间，招来上百道童，盛极一时。”⑭

唐代，峨眉山亦建有不少宫、观、殿。2001 年版《乐山市志》载，据民国初年不完全统计，（乐山）市境有道观 200 余座，其中峨眉最多，尤其是峨眉山，唐代建有雷神洞、玉皇观、九老洞、授道台、紫芝洞、千人洞。

宋朝也是峨眉山道教发展的盛期。不少知名道士来峨眉山传道，“华山老祖”陈抟就是其中之一。他来峨眉后自号峨眉真人，大峨寺“福寿”二字便出自其手笔。2001 年版《乐山市志》载：“五代宋初华山著名道士陈抟来峨眉山传道，多次在轩辕观中讲授道学，邀请全山道士和当地山民听讲。山中僧人慕其才学，也有去旁听的。”⑮

宋代到峨眉山修道传道的知名道士还有邵琥、白玉蟾等人。

宋时峨眉山亦新建了不少宫观。1991 年版《峨眉县志》载：“在此期间，道士们又在木鱼山侧建东岳庙，供东岳大帝像，伏虎寺侧建关帝庙。同时将山中一些地名洞府按仙道取名为‘千人洞’、‘左慈洞’、‘药王洞’、‘龙门洞’、‘仙皇台’、‘九老洞’、‘授道台’等。”⑯

2001 年版《乐山市志》载，宋时峨眉山建有陈抟祠、东岳庙、关帝庙、左慈洞、药王洞、龙门洞、仙皇洞、齐天王行庙、陆隐君祠、老君庙、龙泉观、南华宫、紫云宫、万寿宫、宋皇观等。

三、由盛而衰，由衰而微

由于佛教在峨眉山的强势发展，宋朝以降，峨眉山道教由强转弱，由弱转微，最后一蹶不振，再无回天之力。1991年版《峨眉县志》载，因当时朝廷尊崇佛教，道教开始走向衰落。

虽然如此，明朝时期峨眉山道教仍有不小规模。卿希泰在《关于峨眉山佛道兴衰的历史演变刍议》一文中说，据峨眉邑人骆坤琪考察，在明代末叶，“二峨山有道观三十余座，大峨山附近和峨眉城郊有道观四十余座，计八十座左右”，“特别是猪肝洞一带，道观林立，直到清末仍未衰减”。

1997年版《峨眉山志》载，明代，二峨山麓之猪肝洞一带宫观林立，陆续建有临眺楼、玉皇殿、老君殿、东岳楼、紫芝殿、纯阳殿、清虚楼、灵官楼、灵霄殿等宫观，气势宏大，但峨眉山道教明显衰弱。道教领袖眼看峨眉仙山道教地位岌岌可危，便试图重振道教在峨眉山的道威，张三丰便是身体力行者之一。2001年版《乐山市志》载：“明洪武年间，著名外方道士张三丰曾来峨眉山想振兴峨眉山道教，到处传道、留笔，原伏虎寺有他的狂草‘唐宋诗碑’。”[17]

张三丰离开峨眉后，峨眉山道教有了一些发展。万历十三年（1585），四川巡抚赫卫瀛出资，峨眉县令宜训整修纯阳殿。崇祯六年（1633），四川监察御史刘宗祥捐资，嘱峨眉县令朱国柱培修纯阳殿。

最典型的事例是龙池建了三丰观，县城内建了三清观，离县城二十里的符溪镇（镇子场）建了玉清观。三丰山位于龙池湖畔，原名大王包，山上建有道教宫观，名“三丰观”，以纪念张三丰峨眉之行。后来，山以观名，改称三丰山。

清朝至民国年间，峨眉山有以绥山猪肝洞为中心的道观群，平坝则有以三清观为中心的几座道观，川主乡东岳庙、绥山镇炳灵殿、普兴乡泉龙寺、二郎庙等，道教进一步衰微。2001年版《乐山市志》载：“至清乾隆年间峨眉山（大峨山——笔者注）基本为佛教独占，道士多数去了绥山猪肝洞，有的去了龙池镇等地另建宫观修炼，势力越来越小。”[18]

1997年版《峨眉山志》云：“民国年间，这里（二峨山）的宫观香火，也开始衰落，不少道士离去，宫观逐渐倾圮，遂一蹶不振。”[19]

据有关史料和笔者考察，1949年前后，峨眉山尚存道教活动的道观、寺庙主要有：①大峨山上的某庵庙（名不详）。1928年，三清观道长向崇文派徒弟陈高原到此当“伙坛道士”，直到1948年才让其下山到夹江万松庵当住持。②大峨山麓黄湾乡的天宫堂。三清观道长向崇文徒弟曹高福其时即在天宫堂修道，1948年奉向崇文之命到三清观任住持。③川主乡荷叶村的东岳庙。④二峨山猪肝洞区域的清虚楼等道观群。⑤九里镇临江村4组的白衣观，一直由道姑管理。⑥罗目镇胡村供奉张三丰的医王寺。⑦县城三清观，住观道长向崇文，住持曹高富及其他道士。⑧龙池三丰观，住观道长朱太林，住持徐太贞，道姑万清玉、马清泉、李清元、罗清玉，道士王清培等。⑨龙池镇万村东岳庙。⑩县城郊绥山镇大庙村的大庙。⑪双福镇露华村的露华寺，住观道士乃三清观道士尧高真。⑫符溪镇玉清观。⑬普兴乡安全村胡场村交界处的二郎庙。总共13座，实际情况可能多于此数。

以上所述，大多数是住观修为的全真道派。峨眉山还有相当数量的正一道道士。据笔者考察，正一道活动时间至少可追溯到清代。

四、新中国成立后的峨眉山道教

1950年后，峨眉山道教一度沉寂。

2001年版《乐山市志》记载，1951—1956年，结合抗美援朝、土地改革等，对宗教界进行反帝爱国和社会主义改造的教育，废除了封建特权和剥削制度，陆续修复、开放一批重点寺庙。政府拨款32万元修复峨眉山已毁寺庙，并把新中国成立前夕离开寺观、教堂的教职人员（除已还俗、转业人员）收回寺观、教堂任职。到1957年，全区有开放寺观、教堂240座，教职人员628人。

1978年11月起，按中央有关规定，对宗教界人士和信教群众在“文化大革命”及历次政治运动中的冤假错案进行复查。对处理回农村的教职人员给予恢复名誉，并按个人意愿回寺观、教堂任职。[20]

1991年版《峨眉县志》记载，新中国成立后，峨眉山道教基本停止了宗教活动，绝大多数道士还俗，政府对在家的火居道士统一分田分地。愿意留在道观中的道士，仍在观中修住，成为宗教职业者。[21]

2014 年，峨眉山市道教协会成立，传承道教文化。

注释：

①《白话彩色图解山海经》，中国华侨出版社，2012 年，第 40 页。

②《乐山市志》，巴蜀书社，2001 年，第 1840 页。

③《峨眉县志》（乾隆版影印本），成都市标点制版印务公司，2018 年，第 181 页。

④《峨眉县志》（乾隆版影印本），成都市标点制版印务公司，2018 年，287 页。

⑤胡世安：《译峨籁・道里纪》，乐山市市中区编史修志办公室，1988 年，第 20 页。

⑥胡世安：《译峨籁・道里纪》，乐山市市中区编史修志办公室，1988 年，第 22 页。

⑦刘向：《列仙传》，邱鹤亭注释，中国社会科学出版社，2004 年，第 32 页。

⑧峨眉县志编委会：《峨眉县志》，四川人民出版社，1991 年，第 629 页。

⑨峨眉山志编委会：《峨眉山志》，四川科技出版社，1997 年，第 16 页。

⑩卿希泰、唐大潮：《道教史》，江苏人民出版社，2011 年。

⑪《峨眉山与巴蜀佛教》，宗教文化出版社，2004 年，第 257 页。

⑫峨眉山志编委会：《峨眉山志》，四川科技出版社，1997，第 627 页。

⑬⑭峨眉县志编委会：《峨眉县志》，四川人民出版社，1991 年，第 628 页。

⑮乐山市志编委会《乐山市志》，巴蜀书社，2001 年，第 1838 页。

⑯峨眉县志编委会：《峨眉县志》，四川人民出版社，1991，第 628 页。

⑰乐山市志编委会：《乐山市志》，巴蜀书社，2001 年，第 1838 页。

⑱乐山市志编委会：《乐山市志》，巴蜀书社，2001 年，第 1838 页。

⑲峨眉山志编委会：《峨眉山志》，四川科技出版社，1997 年，第 320 页。

⑳乐山市志编委会：《乐山市志》，巴蜀书社，2001 年，第 1826 页。

㉑峨眉县志编委会：《峨眉县志》，四川人民出版社，1991 年，第 630 页。

朱华高：峨眉山市作家协会副主席，峨眉学研究员。

峨眉山龙门洞岩刻文字和景物考

骆坤琪

摘　要：峨眉山风景区内，若说岩刻文字之多，持续年代之长，刻面范围之广，内容之丰，景物之美，当推山麓之龙门洞（地以洞名）。笔者曾在三十多年前对此进行考察，现将所见和原存史说记述下来，供地方文史工作者研究之用。

关键词：峨眉山　龙门洞　岩刻文字　景物

峨眉山龙门洞峡谷幽深，飞泉流泻，潭深水碧，森林茂密，有寺宇亭台，景物佳丽。明代人列此地为“峨眉山二十四景”之一，名“龙门飞珠”。宋代诗人范成大游此后，不仅写诗吟咏，还在其名篇《峨眉山行纪》中说：“天下峡泉之胜，当以龙门为第一。”民国时期张心若居士游此时，在其《龙洞峡记》中说：“天下名山水，其间可游者以百数，峨眉最奇。……峨眉奇山水，其间可游者以百数，龙门最幽。”这些赞语皆不为过。1958 年修峨（眉）高（庙）公路时，因炸岩挖山，泥石俱下，使谷底河床拔高约十米。庙宇亭台被拆，部分树木被伐，龙门洞半被水淹，岩刻文字遭到毁坏，一处胜景从此消失。这里过去不但景物奇秀，岩刻文字多，还有奇特的文化内涵，没之可惜。若将来有幸修复此景，也可作为参考。

一、岩刻文字

1982 年，我因写峨眉史料，查阅嘉庆十八年（1813）版《峨眉县志》，卷一“古迹”中载：“龙门洞，县西十里有苏氏大书龙门二字。”乾隆版《峨眉县志》卷二“古迹”中载：“孙富春双钩龙门其上。”这使我疑惑了，龙门洞内洞壁上题刻的高大约1.5米的“龙门”二字是景区内有名的景观，到底是谁写的？过去，不少游人到此都要观赏这两个笔法流畅、刚健有力的大字，并赞不绝口。为了弄个明白，当年4月15日，我邀约熟悉峨眉山文史的何志愚先生同往实地考察。到了龙门洞外河滩上，因修公路，炸岩塌石，河床被抬高了，龙门洞半被水淹，好在“龙门”二字尚可见。我们仔细一看，见大字旁还有几行小字，因泥尘和苔藓封没，无法辨识。想走进洞去看，但洞内积水太深，无法靠近。我们便到附近农家去借木梯。我们说明用意后，肖大爷盯着我惊问：“真的？我们当地人也弄不清楚那两个字是谁写的，只知道是宝贵文物。后来修公路时龙们洞毁了，你们再不把它记载下来，再过几年就什么也看不见了。”他说完就把长木梯借给我们。我们扛起木梯到洞前往水中一放，水太深，梯子无用，不得已转去还梯并向肖大爷借几根杉条准备扎筏。肖大爷立刻叫他的孙子扛两根，他扛两根，我们三人各扛一根，共七根杉条来到洞外河边上，用绳扎成筏。用竹竿划到洞中，并用竹管定位。洗净岩壁上的泥土，擦去苔藓后才看清文字。我念一句，何志愚记一句，这样就录成全文，如下：

> 山水之胜必因人而重，岘首以羊叔子而重，兰亭以王逸少而重。大峨虽号胜峰第一，向非李谪仙声于诗歌，亦不过如是而止耳。龙门景趣，隐于幽深穷僻中，疑白足迹之所不至，其名不得与大峨俱。孙富春公，来字汉嘉，搜奇幽讨，阅二年而得之，亲洒龙门二大字，刻于悬崖峭壁间，笔势遒劲，蜿蜒欲飞，与龙俱腾而上者，自今已往，不独龙门之名重而益加神，民益加信，可胜记哉！
>
> 乾道庚寅年重九日，嘉州峨眉县劝农公事兼兵马监押何纪绯。

由此可知，“龙门”二字是孙富春公手书。在“龙门”二字的下面刻有一首律诗，我们费了两个小时，擦去泥苔，用手摸索，才搞清是明代嘉州太守方孔熙所书，诗云：

练瀑飞珠撼大洲，藤萝路隔只朝烟。
剖开碧玉几千嶂，削就丹丘五尺天。
岛上吹箫疑此日，洞中吐石竟何年。
扪岩峋嶙寻奇篆，醉如龙芝斲石眠。

“龙门”二大字一侧还有清人（可惜名字看不清）写的一首绝句：

跗石攒云入玉峡，飞泉喷雪泻银河。
龙门鱼跃今犹在，遥看英雄夺玉科。

此外，洞壁上还刻有许多残缺不全的文字，已难辨识，读不成句，只好作罢。

何志愚先生说，龙门洞对面半岩壁上有条大道，石板铺成，即游山大道。道旁壁上还有不少刻字，其中“再生同来”四字半米见方，非常显眼，也很有意思，大概是1935年由上海游人蒯镜海先生出资题刻。当年他带着妻子儿女四人游山到此，静立半小时后，先是怅然若失，继而摇头叹息，其妻大惊，问其所以。他答道：“我走过许多名山大川，从未见景物有如此之胜者。此处青山，千古不变；此地绿水，万古长流。可是我已五十多岁了，此生还能来游第二次吗？天地悠悠，吾生匆匆。但愿我们再生同来。”说完后到龙门洞庙借来纸笔，写下这四个大字，并请石匠刻在岩壁上。

我们离洞后又去古道上探寻，可惜那四字已不见了。

二、景物观察与回顾

我们当天抄录完岩刻文字后，又对四周景物进行了观察，眼前景物同我们过去所见景物大异。但山形依旧，飞瀑尚存，河水清澈，仍不失为一处风景。现将原有景物追述如下：

此处两峰兀立，树木葱郁，谷底深潭长约一里，入口处有一大溶洞，传潭中有龙居，故名龙门洞。洞壁刻“龙门”二大字和多首前人诗作（如前述）。游山大道筑于半岩之上，青石铺成。在行道内侧岩壁之下，有条石堰沟，名“龙门堰”。堰内流水淙淙，与谷底水声应和成趣。进山口路边，筑有一亭，壁供观音像。游人凭亭栏俯视，潭深水绿，若投食物，立见群鱼争食，饶有生趣，有“龙门观鱼”之胜。张心若居士在其《龙门观鱼记》写道：“游鱼数百尾，悠然游泳，见人不动不去，若与之相忘于虚。鱼之巨者长丈余，然不常出，出者皆小鱼。”进谷行百步转弯处，岩壁上刻有彩绘阿弥陀佛像，还刻有一些文字。在这一段长一里的行道上，最高处安有铁栏，给人以安全感。在游道对面岩壁上，有多股飞瀑直落潭心，水声哗哗，飞珠溅玉，景致奇胜，“龙门飞珠”之名由此而生。不少游人至此，都要驻足观赏。张心若居士在其游记中写道：“有泉自石穴出，其鸣铿然，可观可听。其进益邃，则泉之出者益嚣，众窍皆毕响。更数丈，得悬瀑焉，倒出石壁上，左右如垂帘幔。”如此奇景，让人流连忘返。在谷尾，造有一亭，半悬河上，游人入亭，一边喝茶，一边赏景，令人心旷神怡。离亭不远有山壁，供有小庙，名龙门精舍，构造小巧，别具一格，中供佛像，常有人敬香。

谷底深潭长里许，若乘船观赏，但见岩壁斑斓，奇形怪状，瀑布直泻，飞珠撒玉，别有洞天。民国时期，庙主演观和尚，造有一只木质游船，取名大愿船，寓济度众生，在船壁上，书观音、普贤二大士之名，增加了神秘性。游人坐船，可进龙门洞，洞中置有石桌石椅，供人坐息。

值得回顾的往事是，1938 年重庆佛学社创办的《佛化新闻》第 71 期曾以很大的篇幅发“峨眉山龙洞特刊”，五千余字，共四版，宣传演观和尚倡议募捐、新建龙门精舍、扩修景区设施等事迹。这不仅在峨眉山所有寺庙景点中是唯一举措，在当时全国各佛教名山中也是少见。文字内容比较丰富，有募启、游记、题词、诗文等。其中有林森题“龙门洞”，陈铭福题“挥臂门前”，吕超题“衔天依月”，熊克武题“鱼跃鸢飞”，但懋辛题“鱼龙变化”等。此外还有近代高僧太虚法师诗，张心若的三篇游记，孔智海的放生池纪事等。名人的题词和诗句为峨眉山佛教文化增添了色彩。演观和尚还建议在龙门岩上凿石窟，造佛像，刻佛经；建议修建纪念馆，新建殿堂，增修亭台，把龙门洞建成规模宏大的旅游胜境。演观和尚有雄心壮志，拟将龙门胜境划为“十个小景”。这些虽都落空，但毕竟是峨眉佛教史上的一段插曲，不可湮没。

此处过去不时发生奇趣求雨之事。据说，从清代至民国年间，峨眉坝区若长时不雨，造成干旱，县里便会组织求雨队伍。事前用楠木雕一个大虎头，在求雨时，由一会水之人潜入深潭，在一石穴中安放，谓：深潭中有龙虎相斗，必起云雨。届时观者上千，多时数千人。由主事者在观音像前敬香祷告。大声念求雨文后，观众随即燃放鞭炮，大声吼叫。同时，还有人用竹轿抬一大黄狗在道上游走，引发众人大笑，意谓“笑狗要大雨”。此求雨仪式隆重而热烈。有的年份县官也来参加。如清乾隆年间，修筑行道旁堰沟，县令文曙就曾参加并行祭礼，事后他还写了一首《龙门洞祷雨诗》，记述这一盛况。此诗后收入《峨眉县志》。

龙门洞山清水秀，有岩刻诗文和佛像，有寺庙亭台，还有神奇的求雨方法以及神话传说，给龙门洞景区增添了特定的文化内涵。

骆坤琪：峨眉山市地方志办公室原主任，副编审。

峨眉山凿井堂初祖弘川和尚略考

满　霖

摘　要： 凿井堂是峨眉山曹洞宗重要的一派，凿井堂的祖庭是初殿，凿井堂祖师是弘川行能和尚。初殿、洗象池曾被认为属曹洞岔派，并不正确，而是出自曹洞正宗雪庭第十四世广慧门下二十二世。历经近四百年传承，凿井堂一系传灯有寄，法脉绵延，现当代更是高僧大德辈出，进入了兴盛时期。

关键词： 凿井堂　初祖弘川　曹洞正宗

峨眉山为普贤道场，将普贤菩萨与峨眉山联系起来，首见于佛经之王《华严经》："西南方有处，名光明山。从昔已来，诸菩萨众，于中止住。现有菩萨，名曰贤胜，与其眷属、诸菩萨众三千人俱，常在其中而演说法。"峨眉山地处中国西南部，秀甲天下，与《华严经》所述普贤菩萨演说佛法之地理位置相符，因此，随着中国佛教的发展，峨眉山逐步成为普贤菩萨道场，并享有"大光明山"之美名，与文殊道场五台山、观音道场普陀山、地藏道场九华山构成了中国佛教四大名山。晋代，梵僧宝掌和尚、中原慧持大师等相继来此修行，此后，无数祖师到此践行普贤精神，使峨眉山成为佛教圣地。

一

清初，弘川和尚来到峨眉山初殿修学，后中兴正觉堂乐山乌尤寺，创建今洗象池，又名天花禅院。洗象池也是 1983 年国务院公布的全国重点寺院之一。凿井堂是曹洞正宗广慧门下二十二世在峨眉山的祖庭，峨眉山曹洞宗与临济宗法传至今，成为峨眉山现在的两大禅宗宗派。凿井堂的地位如此重要，而开山初祖弘川和尚的事迹，在蒋超的《峨眉山志》、印光大师的《峨眉山志》，以及峨眉山的高僧传与塔铭中均少见到，实属憾事。今著此文，以供方家之佐证。

乌尤寺曹洞正宗族谱序云："盖闻人之有祖，犹水之有源，木之有本也，水无源而易沽，木无本而易枯。"故有咸丰九年（1859）岁次己未，正觉堂人崇善从大峨山初殿至洗象池祖庭，清得历代宗谱，查明凿井堂悉曹洞世派，始自浙江灵隐堂[上]第[下]慧大和尚、严州淳安县观音堂第二代[上]西[下]舟大和尚、中兴灵隐观音二处法脉传宗老人弘川行能。

弘川和尚，顺治辛卯年（1651）出生于浙江淳安县，后于观音堂礼西舟和尚为师。凿井堂宗谱记开山祖师中云："弘川行能禅师系浙江严州府淳安县人，徐氏子。顺治辛卯年八月初一申时建生，于观音堂礼师[上]西[下]舟膝下批剃。"①清康熙六年（1667），由浙江来川，于峨眉山重建初殿，"山中鸷殿，改名凿井寺"②，创凿井堂。康熙十八年（1679），重建乌尤寺，中兴正觉堂。康熙三十八年（1699），改初欢喜亭为寺，创建天花堂天花禅院（又名洗象池）。1731 年，弘川和尚以八十一岁高龄在初殿圆寂。

据史料记载，东汉明帝永平六年（63），有神奇隐士蒲公上山采药，在此处见鹿迹现如莲花，录踪至峰顶，忽现祥光。蒲公不解，去问西域宝掌和尚，宝掌云："是普贤显象之兆。"后人遂立此殿。此乃全山最早建寺地之一，故曰"初殿"。这是一种说法。

初殿在宋代是簇店，因山形如鸷。"簇店，凡言店者，当道板屋一间，将有登山客，则寺僧先遣人煮汤于店，以供蒸饮。"③明代才有初殿记载，并与鸷殿、簇店并用。"初殿，昔汉蒲公采药见鹿处，后人立此殿。或云山形类鸷，名鸷殿。或云簇店。"④清也是二名同用，"初殿，登一板楼，望山形如鹫鸟，一名鹫殿"⑤，"见鹿迹现莲花，因开建此山，故额曰初殿，亦名鸷殿，又名簇店，后改店为殿"⑥。因此，有"簇店"改为"初殿"的可能性。不过，也有范成大听错的可能，把"初殿"记成"簇店"，他曾把"初欢喜"记成"错欢喜"就是一个例子。

初殿于明万历二十五年（1597）由续恩禅师改建为寺，康熙六年（1667）弘川行能来此居住，建有琉璃牌坊，改为凿井寺，今用初殿之名。“按殿门外，有琉璃牌坊，古石碑侧有木坊，为弘川禅师建，道光时圮。”[7]大峨山重建初殿、开宗祖师“广慧禅师门下第二十二世禅师行能弘川为初祖”[8]，“于康熙六年由浙江来西蜀峨眉山，开建初殿”[9]，并在初殿圆寂。又云：“于雍正九年十二月十二日申时，在初殿丈室坐脱，享受八十一岁，塔于初殿后山。”“初殿，明代建寺，蒲公初开此寺，谓之初殿，康熙中弘川老人居此。”[10]这说明凿井堂开宗祖师是弘川行能，凿井堂即今初殿。

清康熙十八年（1679），弘川和尚为弘扬佛法，与弟子宗御福会和尚（贵州遵义府遵义县人）来到乌尤寺，中兴正觉堂。乌尤寺在乐山城东之乌尤山上，原名正觉寺，创建于盛唐至德、乾元年间。唐大历时期惠净和尚结茅山中。宋末，嘉州以凌云、乌尤为城寨抵抗元兵，寺院亦遭兵燹。明代景泰、成化年间，由地方人士杜、胡两姓筹资修建三大殿，始奠定规模。明末清初，寺宇又遭兵燹，毁坏殆尽。“康熙十八年（1679），峨眉山初殿僧人弘川、宗御接管乌尤寺，募化重建，并改无量殿为如来殿。”[11]大峨山重建初殿开宗祖师图：“雍正四年（1726），有嘉阳杜胡二姓启请，上弘下川和尚率徒宗御，重建乌尤山正觉堂，中兴开堂接众，初殿，乌尤二处前后批剃门徒三十六人，更名三十六山。”“乾隆五十二年（1787）正月和尚将塔起移至乌尤寺塔居中，可此系初殿第一代起祀也。”可见凿井堂与正觉堂合二为一，乌尤寺由凿井堂接管，传曹洞正宗一派，直至今日。

明代末年，因该地有小亭一座，以供游人登山小憩。不过明代就有洗象池一说，“上有砌小池，仅丈许，僧云菩萨洗象池”[12]。清初，此地都还是一座亭子，“中有方池，久沽乱叶覆之，曰‘洗象池’，岭畔有初欢喜亭”[13]。直到“清康熙三十八年（1699）弘川行能扩建为寺，称天花禅院”[14]。光绪年间记有“见寺轩豁，额曰洗象池。原名初喜亭，寺左有石砌六方小池，深广丈余，即古洗象池。相传普贤乘象过此，必浴其象而后升。”直到现在，寺院匾额曰“洗象池”，也未能用“天花禅院”一名，许多人不知天花禅院在哪里，其实是以地名代替了寺院名称，故后人都不用“天花”一名。

"洗象池，古名初（错）欢喜，明末有庵，曰初喜亭，有池曰明月池，康熙己卯（1699）行能禅师（弘川老人）开建，雍正辛亥（1731）圆寂于初殿，月正老人移共塔于乌尤寺。"[15]可见洗象池是凿井堂一派创建的天花禅院，祖师系一人，即弘川和尚。

二

听长辈们说，初殿、洗象池、乌尤寺系子孙丛林，同宗同派，此派中推选出一名方丈管理三个寺院。在历史的推动下，峨眉山寺庙的兴废变革很大，从20世纪40年代至今，完全打破了以往的门户之见。不过自有宗派以来，由正派产生支派（岔派），自然会出现同宗同派、同宗异派、不同宗同派的区分。何志愚先生认为初殿、洗象池属曹洞岔派。《峨眉文史·佛教专辑》中说：峨眉山寺庙宗派（1949年为止），曹洞岔派有砖殿（万年寺）、初殿、洗象池、长老坪、长寿寺、兴圣寺、圣积寺、蒲公庵、金龙寺，曹洞正宗白龙洞、极乐寺、大佛殿、毗卢殿［光绪壬寅（1902）后两殿改为十方丛林］。[16]据民国年间《四川佛教旬刊》统计，全川有十方丛林24座，其中峨眉山2座——毗卢殿、大佛殿（大佛禅院），其余为子孙庙。

笔者认为凿井一派初殿、洗象池同为弘川和尚重建或创建，同宗同派同一祖师，以初殿凿井堂为祖庭，一直传至今日，所用字号出自雪庭第十四世广慧三十二字，应为曹洞正宗。曹洞正宗族谱中，凿井堂一派宗谱记为曹洞正宗二十二世开山第一代弘川行能和尚。所用字号在漕溪祖殿历朝敕建神主阁中记为："万安禅师从雪庭第十四世启法名广慧号天乘，赤县人氏，姓贾，绍隆祖位，复衍三十二字：

广崇妙普、宏胜永昌、继祖续宗、慧正惟方，
圆明净智、德行福祥、澄清觉海、了悟真常。

此系曹洞正宗一派，复衍三十二字，系我等字号派目：

法传东朗、遍满华藏、灵文演教、祥安永彰，
深伻寂第、西弘彻山、自月堂无、兴舟道显。"

又据："广慧禅师门下第二十二世祖弘川行能大和尚为凿井堂开宗第一代祖师。"[17]凿井堂开宗第一代祖师是弘川和尚，但没有另起字号，至今仍用广慧天乘的三十二字。宗派之分并不存在贤愚，这是受中国儒家宗法文化的影响而形成的宗派之分。汉传佛教接收融合了中国儒、道文化，至宋代就呈现出三教合一的局面。无知者遂启门户争端，实乃不明佛教者也。

凿井一派乌尤寺源流：弘川行能→宗彻福会→云山祥龙→自然澄惺→月正清学→隐堂觉华→元显海深→了碍→性舟悟勋→道容常有→法胜广定→传度崇正→东来妙贤→遍能宏善。

三

2005年，在报国寺，惟贤长老代遍能宏善传凿井堂《正法眼藏》予凿井堂十八代子孙永寿华福禅人，永寿华福禅人同时升任峨眉山报国寺方丈。永寿华福禅人，1983年发心于峨眉山万年寺，1985年宝光寺具接，1986年起先后任万年寺、报国寺监院。1999年被推选为峨眉山佛教协会会长，主持金顶华藏寺十方普贤修建工程，以及恢复重建大佛禅院工作。2004年被推选为中国佛教协会副会长。2005年被推选为四川省佛教协会会长，并出任四川峨眉山佛学院院长。现有披剃弟子八人，法子一人。

2010年，在报国寺，永寿华福禅人代遍能宏善传凿井堂《正法眼藏》予照观华煜禅人。华煜禅人，1982年初在山西五台山发心，礼济渡和尚为师。1982年10月受戒后到峨眉山发心，先后任洪椿坪、洗象池监院。1994年从中国佛学院毕业后，回峨眉山佛学院从事佛教教育工作，后任四川峨眉山佛学院常务副院长。现任乐山市佛教协会副会长兼秘书长，凌云、乌尤二寺方丈，主持日常会务、法务工作。2011年，在报国寺，永寿华福禅人将凿井堂《正法眼藏》传予西昌冕宁灵山寺住持照杰钜玉禅人，教化一方。

凿井堂一派传至今已三百余年，共十九代，现代可谓最兴盛之时。传度崇正任方丈期间就极重视人才培养，培养了一批可造之才。

遍能法师于1938年接传度法师衣钵，升乌尤寺座。他曾于1930年协助太虚大师筹办汉藏理院，后任教务主任。又先后在华严佛学院、峨眉山佛学院讲学，受能海上师之请到净慈寺讲《俱舍论》月余，得“《俱舍》论师”之誉。落实政策后，遍能和尚更加积极地从事佛教教育工作，先后恢复了峨眉山佛学院、四川省佛学院，培养了大量僧才，为四川佛教的发展做出了重大贡献，被尊为佛教教育家、书法家，为现代高僧。正觉堂满智深受太虚大师器重，曾任《海潮音》主编。满智曾游学拉萨色拉寺，1953年任《西藏日报》编辑。永灯（杨化群）曾在拉萨哲蚌寺学经，1953年任《西藏日报》翻译，1978年参与编纂《藏汉大辞典》，1980年成为中国社会科学院研究员。这二位僧人在求学期间都曾受过遍能法师的帮助。

古人云：“人能弘道，非道能弘人。”中国佛教以人为中心，而不以法为中心，得人则兴，故重视人才培养，才能使佛法常兴，法轮常转。

注释：

①②乐山市市中区地方志办公室：《乐山史志资料》，1992年第2期，第20页。

③④⑤⑥⑦印光大师：《峨眉山志》，广化寺印赠，2008年，第116页、126页、135页、32页。

⑧⑨乐山市市中区地方志办公室：《乐山史志资料》，1992年第2期，第27页、20页。

⑩峨眉山市政协：《峨眉文史佛教专辑》，1990年，第117页。

⑪遍能法师：《凌云乌尤史略》，四川人民出版社，1990年，第98页。

⑫⑬印光大师：《峨眉山志》，广化寺印赠，2008年，第127页、32页。

⑭汤明嘉：《峨眉山伽蓝新记》，四川人民出版社，2005年，第74页。

⑮⑯峨眉山市政协：《峨眉文史佛教专辑》，1990年，第119页、27页。

⑰乐山市市中区地方志办公室：《乐山史志资料》，1992年第2期，第27页。

满霖：四川省佛教协会副会长，峨眉山佛教协会副会长，峨眉山佛学院副院长。

峨眉武术

——中华佛教文化的瑰宝

朱明忠

摘　要：中华武术源远流长，博大精深，门派林立。在中华武林中，历史最悠久、影响最广泛的要数少林、武当、峨眉三大门派。本文记述了峨眉派武术的起源、特点、门派及传承和发展。

关键词：峨眉武术　起源　特点　发展

峨眉武术，得名于峨眉山。峨眉二字又是古代巴蜀（今四川和重庆）的代称，因此，峨眉武术也可称为“巴蜀武术”。

峨眉山是中国佛教四大名山之一。峨眉武术发源于峨眉山，它是峨眉山佛门僧徒苦心磨砺、不断创新的结果。峨眉佛教在其长期的发展过程中也受到峨眉道教和巴蜀民间文化的深刻影响，故而创造出丰富多彩而又独具风格的巴蜀佛教文化。峨眉武术就是巴蜀佛教文化中的一枝艳丽多姿的鲜花，也是中华佛教文化中的瑰宝。

一、峨眉武术的起源和发展

峨眉武术的起源和发展与峨眉山佛教和道教的历史是密不可分的。《峨眉山志》记载，峨眉山建佛寺始于魏晋，其中以魏晋僧肇所建的黑水寺为最早。唐宋时期，随着佛教的兴起，峨眉山的佛寺逐渐增多。到了明清时期，峨眉山佛教达到鼎盛，峨眉山则与五台山、普陀山、九华山并列为中国佛教四大名山。一般认为，道教传入峨眉始于三国时期。唐宋时期，道教发展至昌盛，与佛教旗鼓相当。道教称峨眉山为“第七洞天”。明代，道教日趋衰败。至清代，道教有与佛教合流之势。

佛道两教传入峨眉山以后，僧人和道人在参禅静坐、念经拜佛之余，也经常习练拳脚、弄枪使棒，一则为强身健体，二则为保寺护院。僧道两家相互切磋，取长补短，各创新路，逐渐形成独具特色的峨眉武术。峨眉武术兼有佛家和道家之长，既吸收了道家的动功，又吸收了佛教禅修的静功，创造出一套动静结合的练功方法。这种方法与各种拳术、器械、散打及气功结合在一起便构成了庞大的峨眉派武术体系。

有文字记载的峨眉武术始于南宋。南宋时期，峨眉山有个法号德源的僧人，他原是一个游方僧，武艺高强，因其眉毛为白色，故人称“白眉道人”。[①]德源和尚创编了一套拳术，称为“白眉拳”，一直流传至今，主要流行于四川、广东、香港、澳门一带。此拳的特点是模仿山中的白猿，在草地上跳跃翻滚，舞手动脚，敏捷异常。德源法师不仅武功非凡，而且文采出众。他集峨眉佛道武术之长，结合自身经验，编写了《峨眉拳术》一书。这是有关峨眉武术的最早的文字记载。从此以后，峨眉山佛教有了较为系统的武术理论和实践经验，在中华武林中形成了自己的体系和风格。

据已故中国佛教协会副会长巨赞大师考证：峨眉武术中最重要的一支——峨眉临济气功术也产生于南宋。[②]峨眉佛教从唐代起就出现了许多宗派，但在长期流传过程中，其他宗派逐渐消失，唯有临济和曹洞两派流传至今。所谓峨眉临济气功，乃南宋末年峨眉山佛教临济宗白云禅师创立，一直在临济宗内部流行，不得外传，称“临济气功”。据说，白云禅师原来为道家，后转入佛门，并且对医学颇有研究。他集医、道、释、武术精华于一身，融养生、医疗、技击为一体，创造出一套独具特色的临济气功。此气功术迄今已有近800年的历史。

古代有关峨眉武术的文字记载确实甚少。现在可以查寻到的资料，有明代抗倭名将唐顺之[③]所著的《荆川先生文集》，此书内有诗一首，题为《峨眉道人拳歌》。全诗共三十行，每行七言，对峨眉拳术进行了非常生动形象的描述。诗中曰：

忽然竖发一顿足，岩石迸裂惊沙走。
去来星女掷灵梭，夭矫天魔飞翠袖。

这四句是写峨眉道人的个人表演，他起势蹬足，石破沙飞，足见力量之大；接着道人行走往来如穿梭，身姿矫健，翠袖翻卷，姿势优美。

百折连腰尽无骨，一撒通身皆是手。
犹言技痒试贾勇，低蹲更作狮子吼。

这四句是写道人武功精深：软若无骨，伸缩开合，变化自如；行动敏捷，臂肘之快犹如全身是手。

余奇未竟已收场，鼻息无声神气守。
道人变化固不测，跳上蒲团如木偶。

这四句写道人掌握的技能很多，表演的只是一小部分，“余奇未竟”，令人怀想。接着写道人跳上蒲团，立即入静，由大动转入大静，安详自然，没有过硬的功夫是绝对办不到的。

全诗记述了峨眉拳从起式到收式的整个表演过程，以及峨眉拳的身法、呼吸、节奏等各个环节。

明末清初武术专家吴殳所著的《手臂录》一书对峨眉枪法进行了较为详尽的描述。吴殳（1611—1695），又名乔，号仓尘子，江苏娄江县人。[④]少年时期即酷爱武术，曾从朱熊占学习峨眉枪法，从渔阳老人学习剑法，从郑华子学习马家枪法，对各种兵器都有研究。明朝灭亡，清军入关后，他不求仕途，专攻武术，并著书立传。他的《手臂录》一书即以精确解释各种枪法而著名。他在此书中论述峨眉枪法说：

西蜀峨眉山普恩禅师，祖家白眉。遇异人授以枪法，立机空室，练习二载，一旦悟彻，遂造神化，遍游四方，莫与并驾……枪法一十八扎，十二倒手，攻守兼施，破诸武艺。

在峨眉枪法中，有治心、治身、动静、攻守、审势、形势、戒谨、扎手、倒手、破诸器、身手法等技法，大大丰富了峨眉武术的理论。

二、峨眉武术的特点

峨眉武术，千百年来以其独特的风格立身于中华武术之林，广为流传，历久不衰。与少林派、武当派相比较，峨眉派武术的风格和特点是什么呢？

事实上，峨眉、少林和武当三派武术都遵循“体用兼备，内外皆修”原则，但是在具体实践中又各具特色，尤其在“内外”“刚柔”“长短”三个方面各有专长。

现代武术专家万籁声在他的《武术汇宗》一书中写道：

> 少林为外功，武当为内功，各有精微造诣。[5]

武术界一般认为：少林以攻架见长，多用长手，被称为外家拳术；武当以呼吸见长，以静制动，多用短手，被称为内家拳术；而峨眉派的特点介于两者之间，力求内外并重，刚柔兼备，长短并用。

峨眉武术要求动功与静功并重。动功有十二庄：天、地、之、心、龙、鹤、风、云、大、小、幽、冥。静功有六大专修功：虎步功、重捶功、缩地功、悬囊功、指穴功、涅磐功。其中，尤以“指穴功”之“三十六式天罡指穴法”最有威力，既可以按摩治病，又可以防身制敌。

为进一步了解峨眉武术的特点，下面我们专门介绍动功“十二庄”和静功“天罡指穴法”。

“十二庄”和“天罡指穴法”同属峨眉临济气功的内外攻法。据《峨眉临济气功——峨眉十二庄述真》一书介绍：临济气功是南宋峨眉山金顶临济宗的白云禅师创立，一直在佛门内秘传，故民间知者甚少。峨眉十二庄是根据人身经络气脉的平稳与否，施展个别的架势气运和观照等法术，以达到祛病延年和防身制敌的目的。古曰：四通八达的道路为“庄”，十二庄即十二种通经活络的“道路”。十二庄又各以十二字标名，分别称之为“天字庄”、“地字庄”、“之字庄”、“心宇庄”、“龙字庄”（游龙庄）、“鹤字功”、“风字庄”（旋风庄）、“云字庄”（拿云庄）、“大字庄”、“小字庄”、“幽字庄”和“明（冥）字庄”。十二庄还分为文武两势和大小练形法。祛病强身者可以练习文势和大小练形法。体格健壮者可以直接练习文武两势和大练形法，可借此功防身制敌。

“天罡指穴法”是在动功——“峨眉十二庄”的基础上发展起来的。它集气功、按摩、点穴、布气和武功于一体，又可以称为“气功导引、点穴、按摩法”。此法分小导引二十八势、大导引八势。[⑥]要使“指穴法”产生功效，必须既有十二庄的深厚功力，又能明了经络运行原理。此法用于自卫，可以点穴制敌。据传当初创立此气功流派时，曾多次与其他流派较量，屡胜不败，被公认为气功中最高明者。

峨眉武术，除拳术和气功之外，还包括器械。峨眉器械中，十八般兵器样样都有：刀、枪、剑、戟、斧、钺、钩、叉、鞭、锏、锤、抓、镋、棍、槊、棒、拐、流星。在全国武林中，峨眉武术的剑术和枪术最为著名。

峨眉剑起于何时，无从考证。峨眉剑是峨眉僧人在“白猿剑二十四法”的基础上发展起来的。它除了具有一般剑法轻松潇洒、优美大方的特点外，还特别注重实践，着眼于点、劈、刺、撩的发劲，动作严谨，衔接巧妙，招式凶猛。其特点在于：击法明快，剑法多变，以快为上，以巧取胜。总之，在技击上，峨眉武术强调手脚灵快，以柔克刚，借力打力。应当说，内外并重、刚柔相济、快巧结合是峨眉武术的基本特点。

三、峨眉武术的门派

峨眉武术在其长期发展过程中产生了许多门派，每一个门派在拳术和器械的使用上都有自己的特点和风格。清初，峨眉山白龙洞的湛然法师著有《峨眉拳谱》一书，书中写道：“一树开五花，五花八叶扶。皎皎峨眉月，光辉满江湖。”据武林专家分析，这四句诗描述的是当时峨眉武术门派林立、兴旺发达的形势。

所谓“八叶”，“叶”指拳术技击风格，“八叶”即八个具有不同拳术风格的门派；所谓“五花”，“花”是就流行的地区而言，“五花”即指流行于不同地区的五个流派；“五花八叶扶”意味着五个不同地区的流派和八个拳术门派是相互影响、相互支持的。

（一）“八叶”

峨眉拳术的八大门派：僧、岳、赵、杜、洪、化、字、会。

1. 僧门

僧门指峨眉僧人所创立的武术门派。此门特点是举、掌、肘、腿并重，高桩长手，以前虚后实的含机桩式为主。拳术有火龙、练步、大连环、虎豹、六通等，以火龙拳为代表。器械有峨眉双钩、双匕首、峨眉刺、棍、刀等。

2. 岳门

相传，此门的拳术由岳飞所授，故称“岳门”。出拳时，前手需外旋成圆，有“不画圆不成季，敌方手来无法拦”之说。此门以矮桩见长，出手较重，强调靠身打法，面对面迎战敌手。拳种有岳家拳、金锁手拳、十二连拳、游禽拳等。器械多用棍，以对打为主。

3. 赵门

据传赵门的拳术具有宋朝开国皇帝赵太祖的拳术风格，故名。此门技击方法与少林武术有联系，讲究翻滚跳跃，舒展大方，善用腿功。拳种有梅花肘、黑虎拳、奇门拳等。器械有勾镰、双刀等。

4. 杜门

相传清朝乾隆年间，善擒拿术的江西武术大师杜观印曾来四川向此门派传授擒拿术，故称“杜门”。杜门讲究跌法，主要以破坏对方的重心取胜。拳种有问津拳、鹞子拳等。器械有枪、棍、刀等。

5. 洪门

此派的代表为洪拳，颇有名气，在四川流传甚广。洪拳的特点是正门攻敌，大开大合，重手重脚，刚劲有力。洪门除洪拳外，还有大八仙、二路红、火焰烧山、燕青红等拳种。器械有枪、棍、刀等。

6. 化门

化门亦称“蚕闭门”。“蚕”，指行拳时如蚕之吐丝，连绵不断；“闭”，指应敌时紧封敌手，避实就虚。此门的特点是“掌不离肘，肘不离怀”，发拳时每一手挠头钩挂，手脚轻快。化门的代表拳种是三十六闭手，俗称

"天罡星三十六"，也是四川南拳。器械有棍、白鹤单刀等。

7. 字门

此派拳术的收势，必摆成规定的"之"字形或"一"字形，故名。字门的特点：攻架起伏较大，腿法少，出拳时用鼻发声。拳种有九锤举、七锤拳、八卦力、亭子功、定子功等。

8. 会门

此派亦称"慧门"，与字门的拳术动作相仿，主张"观师默像"，迷信色彩较浓重。其代表拳种为神拳，此拳内练气功，外练拳技，以达强身御敌之效。

以上八个拳派虽然风格各异，特点不同，但是能够相互影响，相互学习，取长补短，共同长进。如僧门虽以高桩见长，但多学岳门的矮桩；洪门既有大开大合、刚劲有力的特点，又兼有化门灵巧柔滑、多用手腕的风格。

（二）"五花"

"五花"指流行于四川不同地区的五个武术流派：流行于成都地区的黄陵派，流行于川东地区的点易派，流行于川西地区的青城派，流行于川北地区的铁佛派，流行于川东地区的青牛派。

湛然大师在《峨眉拳谱》中所说的流派，是指清初或清朝以前所形成的峨眉武林流派。这些流派随着时间的流逝，有的逐渐消失，有的流传至今。清代，峨眉佛教发展到鼎盛时期，而道教却日趋衰退，出现了"佛道融合"的形势。在这种形势下，峨眉武术也有了新的发展，不断产生新的门派。例如，清朝末年，峨眉子午门武术的创立就是"佛道融合"的典范。

峨眉子午门武术是清末峨眉山的神灯长老与清虚道人共同创建的。神灯长老是峨眉山太空法师的弟子，清虚道人是峨眉山九老洞的道长，两人都擅长峨眉武术，且先后去河南少林寺取经，练就一身少林功夫。后来，清虚道长还专程去湖北武当山学习武当派功夫。二人回到峨眉山后，苦心磨砺，共同探讨少林、武当和峨眉三派武术之精华。清虚道人见神灯长老鹤发童颜，武艺精湛，便拜长老为师。师徒两人将三派武术精华融为一体，自成一派。此派内则练气，以静制动；外则练力，体壮筋强。这种武功多在子午二时辰练习，故称“峨眉子午门”。

子午门武术除子午拳之外，还有子午刀、子午剑、子午棍、子午枪等器械。其风格以子午拳为代表。子午门的创建充分体现了峨眉山僧、道两家为发展峨眉武术而携手并肩，同心协力，相互切磋，不断创新。

四、峨眉武术与现代生活

源远流长的中华武术，经过千百年的开拓和锤炼，已经形成了一个庞大的综合体系。这个体系吸收了中华民族传统思想之精华，融会了武功、气功、医疗、健身、养生等，以丰富多彩的内容和独具特色的风格著称于世。尤其是近年来，随着中国国际地位的迅速提高和中华文化在海外的传播，中华武术也在世界各地广泛流传。

中华武术是中国传统文化的重要组成部分，它在现代社会生活中也发挥着重要作用，无论是在医疗保健、强身健体、擒拿警卫、防身制敌方面，还是在与海外文化交流方面，都具有不可替代的作用。

峨眉武术作为中国武林的重要一支，也在现代社会生活中发挥着重要作用。峨眉武术能够流传至今，被广大民众所接受，就是最好的证明。据上所述，峨眉的临济气功自南宋创立以来，经过数百年的发展和创新，已经形成一个非常完整的体系。它是一种经过实践检验的行之有效的气功术，既可以强身健体，又可以防身制敌。

峨眉临济气功真正走出佛门，面向社会，是新中国成立以后的事情。在这方面做出突出贡献的有三人：一是周潜川居士，一是中国佛教协会原副会长巨赞大师，一是傅伟中先生。周潜川（1907—1972），法名镇键，原籍四川省威远县，生前任山西省中医研究所医师。终生修习峨眉临济气功，对临济气功颇有研究，撰有《峨眉十二庄释密》《气功药饵疗法与救治偏差手术》《峨眉天罡指穴法》。这些著作的出版对峨眉临济气功走出佛门、流传社会做出了特殊的贡献。此外，1958 年周潜川先生还把自己一生研究的峨眉临济气功密要心法全部传授给巨赞大师（1908—1984，江苏江阴人），与巨赞大师共同研究此功法、功理，并致力于其普及工作。[7]后来，巨赞大师又把峨眉临济气功传授给傅伟中先生。傅伟中自幼体弱多病，从少年时就开始修习武术，钻研气功，以强健体魄。中年以后，拜巨赞大师为师，潜心学习临济气功，并有深刻的体会。他将导师的教导和自己长期修炼临济气功的心得体会整理成两本书：《峨眉临济气功——峨眉十二庄述真》和《峨眉临济气功——峨眉天罡指穴法》。两书分别于 1982 年和 1985 年由北京体育学院出版社出版。为了弘扬峨眉武术文化，实现巨赞大师“得之于民，还之子民”的夙愿，1985 年傅先生还举办了数届“全国峨眉临济气功外气诊治训练班”“全国峨眉临济气功辅导员培训班”和“全国峨眉临济气功患者健身班”及“全国峨眉临济气功外气诊治提高班”，培训了来自全国各地以及美国、澳大利亚、新加坡等地的数千名学员，获得圆满成功，得到国内外气功界人士的好评。[8]经过巨赞大师和傅伟中先生的多年努力，长期沉寂于佛门的峨眉气功真正走上社会，并且走出国门。今天，峨眉武术已流传于社会，名扬四海，焕发它应有的光彩。

注释：

①骆坤琪编：《峨眉山掌故传奇》，西南交通大学出版社，1990 年，第 11 页。

②巨赞编著、傅伟中整理：《峨眉临济气功——峨眉十二庄述真》，北京体育学院出版社，1982 年。

③唐顺之（1507—1560），字应，号则川，江苏武进人，明朝抗倭名将。他精通武术，研究武术理论，著有《武编》一书，介绍了明代以前的各种武术器械和各派拳术的练法。他的文章、随笔和诗歌汇编为《荆川先生文集》。

④《中国大百科全书·体育卷》，中国大百科全书出版社，1982 年，第 543 页。

⑤万籁声：《武术汇宗》，商务印书馆，1929 年，第 3 页。

⑥巨赞编著、傅伟中整理：《峨眉临济气功——峨眉天量指穴法》，前言，北京体育学院出版社，1989 年。

⑦巨赞编著、傅伟中整理：《峨眉临济气功——峨眉十二庄述真》，序二，北京体育学院出版社，1988 年。

⑧巨赞编著、傅伟中整理：《峨眉临济气功——峨眉十二庄述真》，序二，北京体育学院出版社，1988 年。

朱明忠：中国社会科学院亚洲太平洋研究所研究员。

峨眉形意拳略考

唐国放

摘　要：峨眉形意拳是中华武术的瑰宝，与太极拳、八卦掌合称内家三大拳，是国家重点推广的武术拳种。其特点是：简赅无华、舒展大方，内劲充盈、气势宏伟、风格鲜明。本文对峨眉山武术形意拳的产生和传承进行了论述。

关键词：峨眉山　武术　形意拳

峨眉山崛起平畴，海拔3099米，群峰叠翠，飞瀑流泉，钟灵毓秀，是我国四大名山，为道、佛、儒各家所推崇。自古以来，到山中修行养生、习武传道之人不断。唐代大诗人李白感叹："蜀国多仙山，峨眉邈难匹。"我国享誉世界的古典名著《封神演义》把峨眉山描写为神仙洞府，载财神赵公明修道之处为峨眉山九老洞，至今朝拜者不断。峨眉形意拳亦称禅武形意，是融合峨眉山儒、释、道精义衍生出的禅、武结合的拳法。简而言之：禅为静、为阴；武为动、为阳，随心意一静一动，正如阴阳转换、开合自如。

一、峨眉武术形意拳的产生

历史上，峨眉山吸引了无数名人雅士。形意学源自道家，发展中融合了佛教、儒学精义。究其源头，是与峨眉山相关联的。意自形生、形随意转，形意学最基本的五行学说，就是按金、木、水、火、土五行之学，生克制化的理论而创的"劈、钻、崩、炮、横"五种基本学法；十二形则取法“龙、虎、马、鼍、猴、燕、鹞、鸡、蛇、鲐、熊、鹰”等十二种动物进攻防御之形；八字功则据“展、截、裹、跨、挑、顶、云、领”八个中国字，按象形、会意、指事、借代之法，仿创出八字功法。在此基本拳法基础之上，再按日月运行之律进行调息、练养，养生与技击并重，外练筋、骨、皮，内练精、气、神，性命双修，遂成为我国的一类拳种。

一千多年前，后唐、宋初道人陈抟，号峨眉真人（道家称为老祖），字图南，西蜀崇龛人（今四川安岳），一说为安徽亳州人。少年时的他勤奋好学，经史百家，过目成诵。后唐长兴中，举进士不第，遂不求功名利禄，以山水为乐，到峨眉山海拔近千米的神水阁结庐修行，服气辟谷二十余年，于静中悟道，白天坐禅，早晚习武（《神水阁庙志》有载）。其时，在附近山中，亦有药王孙思邈结庐在中峰寺，吕洞宾修行在纯阳殿，几位高人多有往来。《阴符经》曰：“自然之道静，故天地万物生。”陈抟观鸟兽之行，参证易学，发明图说，彰显象数，将我国道家易学的重要资料“龙马图”传之后世，并因此复活了象数易学。他开启的《易经》图书之学，经过师承传授，成为朱熹宋学的重要组成部分，对中国文化产生了重要影响。老祖深谙“天人合一”之理，与天地合其德，创“心意六合八法拳”传世。后移居华山，宋太宗闻其名，三次遣使宣诏，老祖两次婉辞，第三次进京时已年近百岁。太宗爱其才，待其甚厚，赐号“希夷先生”。老祖百岁后回归故土，在安岳县城东南的云居山圆觉洞修行，并在圆觉洞龟鹤池旁边的峭壁上留下高 1.6 米、宽 1 米的“龟鹤”二字，后人赞之曰“用笔精绝”。老祖仙逝后亦葬于此地。云居山还有“图南仙迹”“希夷炼丹处”等遗迹。

老祖所创“心意六合八法拳”，留在峨眉山的这一支因蜀道闭塞，又恪守秘不外传的约定，初只在道教弟子中传承，后亦在佛教弟子中传承。而华山一支因其地俯视中原，交通便捷，则流传江湖。

至今，在峨眉山神水阁的神水石上，还留有老祖所提写的“福”“寿”两字，历千年而不灭，可谓：“片石孤峰窥色相，清泉皓月照禅心。”

老祖仙逝后，近四百年来，形意拳在中华大地有了较快发展，特别是在燕赵境域中涌现出许多形意拳英豪。从山西蒲州人姬际可（1602—1683，字龙峰）到峨眉山习练心意六合八法拳回晋后，演进形成了形意拳，广为传播。近代走出了曹继承、马学礼、戴龙邦、李洛能、郭之深、李存义、张占魁、韩峰使、马玉堂、尚云祥、朱国福、马元基等威震武林的英雄。晚清时期，形意门第五代掌门人郭云深有“以半步崩拳打天下”之美誉。

二、峨眉武术形意拳的传承

民国年间，马玉堂之徒朱国福（1891—1968，号炳公）于 1928 年 10 月 19 日在南京中央国术馆国术国考中取得第一名，应邀成为中央国术馆教务长。抗战时期，其受冯玉祥将军之托为国民革命军二十九军培训出一支挥舞形意刀的大刀队，在长城御敌中杀出了国威，令日本鬼子闻风丧胆。后又在湖南凤凰，为抗战集训了数万军人。后随国民政府进入四川，入驻重庆。抗战胜利后，朱国福一直在重庆大学从事武术编审工作和传授形意功夫，直到去世。

朱国福大师的爱徒何成礼自幼酷爱武术，曾经多个名师指点，学得一身武功。20 世纪 60 年代初考入重庆大学电机系。由于扎实的武术功底、卓越的武术天资、优秀的人品，有幸成为朱国福先生的关门弟子，得到形意真传，成为形意门第九代传人。他作为重庆大学武术队队长，曾在全国锦标赛中夺冠。1971 年，何成礼被分配到“三线”建设重点企业、冶金工业部所属峨眉铁合金厂当技术员。他每天劳动之余，就是习武练拳，高超的武艺吸引了一大帮青年。何老师不吝赐教，带出了一批形意拳弟子，如张林、范春泉、党建国、李保明、易建华、唐国放、李兴华、杨忠建、张元明等。个中佼佼者即现在峨眉山形意拳研究会会长张林。

张林于 1975 年拜何成礼为师，天赋加上勤奋，深得老师喜爱，苦练多年后，形意、八卦、太极拳都打得非常流畅。20 世纪 90 年代，何成礼老师在成都创办“国福武术馆”，形意拳前辈马玉堂之子、武术大师马元基专程从北京赴成都任馆长。成都体育学院武术教授王树田、肖应鹏亦到武术馆表演祝贺。马元基老师看了张林的演练后，对他非常器重，将他收为义子，又专程到峨眉山驻教，传授马家形意真功夫。马元基返京后，张林每年往返北京，住其家中，得其指教，进步非常快。时间流转到 2003 年，在峨眉山报国寺举办的少林、武当、峨眉三大武术精英赛上，张林在震旦第一山广场演练形意五行拳时，机缘巧合，报国寺近百岁的武术高僧通永大师从此经过，看见张林骨骼清奇、身躯高大、动作灵活，一套拳打完气定神闲，大师声如洪钟，说："这个拳打得好，但还差点禅意，还需修炼。"张林闻声一看，认得是武术高僧通永大师，立马跑上前恭恭敬敬地问好。通永大师对张林说："你打的这套拳，很像心意六合八法拳，是我们不外传之术，你怎么会？但还缺乏禅功，缺乏内心修炼，有刚劲，缺柔力，阴阳不能平衡。"张林即将自己学形意拳之事向大师一一讲明，大师听后非常高兴，叫张林今后有空到报国寺找他。从此张林有空即到报国寺找大师学艺。2007 年，大师正式收张林为俗家徒弟，取名心权（俗家弟子）。这以后张林就与大师的另外几个徒弟心平、心智等共同习练武术，直到 2011 年农历三月十五日通永大师圆寂（享年一百零七岁）。

通永大师自幼在峨眉山出家，从小习练内外拳术，以猴拳扬名。20 世纪 30 年代，国学大师南怀瑾在峨眉山大坪寺闭关时，通永大师与其交往很深，可见其修为。

多年的学习，使张林习得形意拳多种流派的功法，并融会贯通，多次在全国武术竞赛中夺得金牌，现为形意门第十代传人。

近年来，峨眉形意拳在政府的关心下，在武术界各位同仁的关怀下，有了很大发展。无论在武术研习或强身健体方面，已被越来越多的人认可及参与，业力也在不断增长。

正所谓：

承武术拳谱，采仙山精华。
传千年道统，扬形意古风。

唐国放：峨眉形意拳研究会副会长，峨眉学研究员。

峨眉山武僧考

王荣益　李万锋

摘　要：峨眉山佛教自晋代开创以来，历代祖师筚路蓝缕，建寺安僧，为峨眉山的建设贡献自己的智慧。这些僧人各具特色，有以义学见长，有以禅定为宗，有以神异示人，还有一类就是以武为禅，通过武功的修炼以明心见性、顿悟成佛。武僧中著名的有南北朝的淡然大师，两宋的白云禅师、德源长老，明清的普恩禅师等。峨眉武僧习武的主要原因有二：一是修行的需要，二是由峨眉山地形及峨眉山佛教形成初期的特点决定。

关键词：峨眉山　武僧　峨眉武术

峨眉武术与少林武术、武当武术被誉为中华武术的三大支柱。自佛教传入峨眉山，峨眉山僧人就一直将武术作为传统的学修功课之一，他们把禅的意境融入日常的习武练拳中，心注一境，导引令身柔，行气令身活，禅拳合一，修身养性。峨眉山是峨眉武术的发祥地，历代武僧辈出，著名的有淡然法师、德源长老、普恩禅师等。经过多年的发展，峨眉武术形成了众多门派，习练者成千上万，已成为一种集楚越武术、中原武术与巴蜀武术精粹于一体，融佛道修心养生之奥妙于一炉的地域性武术文化。笔者不揣冒昧，拟对峨眉山历代涉武祖师的事迹及其与峨眉山佛教文化的关系进行分析，并就正于方家。

一

在峨眉山佛教涉武的祖师中，见诸史书最早的是明果大师。蒋超《峨眉山志》记载：

汉中峰明果大师，据杂集云，资州人。幼剃发龙游山，谒秦竺法护于大兴善寺。一日闻护开示，如来座者，一切法空是，顿悟厥旨。回蜀，就宝掌峰，卓锡。中峰，始号乾明观。彼中道士，每于三月三日，效瞿武升仙之法，岁以为常。师闻，知是妖孽，请让先升，阶伏猎人，箭缀丝纶，果中之，一白蟒也。寻理其处，乃见冠簪白骨满窟。羽人悔悟，即改观为中峰寺，迎师承事焉。[①]

佛教入蜀前，峨眉山就是道家第七虚陵洞天。东汉末年，五斗米道兴于巴蜀，峨眉山道风尤盛。佛教传入峨眉山后，佛道两家并存于一山，既有友好交往，也有教义辩论、地盘相争。乾明观是西晋道士乾明修建，乃四川境内最早的两座道观之一。乾明观的建立，结束了峨眉山中道士分散穴居野外的生活，使峨眉道教的发展产生了一次飞跃。乾明观不仅成为一时之名观，也成为道教之大本营。明果大师在这一次事件中，虽非直接射箭者，却利用猎户的箭术射死白蟒，使道士折服，改观为寺。这也成为峨眉山佛道之争的转折性事件，自此，佛法在峨眉山日益隆盛。

至南北朝时期，淡然大师将武功带入峨眉山，其是史料记载的峨眉山第一位习武僧人。淡然大师[②]，俗姓林，名时茂，原为东魏“镇南将军”，因与权贵不和，为避祸到泽州析城山问月庵削发为僧，法名太空，号淡然。南朝梁武帝封为妙相寺副寺，晚年辗转到峨眉山中峰寺修住，并扩建中峰寺，将高超的武功传授给年轻沙弥，并留下了“训虎救妇”的美谈。大师圆寂前作有《辞世颂》，云：“杀人如麻，立身以砥。宠辱不惊，恬淡是非。酒吸百川，肉吞千家。醉卧中峰，羲皇自拟。皓月清风，高山流水。长啸狂歌，何分角徵。心证菩提，法舟相舣。生彼莲花，逍遥无已。”大师通过对自己一生的回顾，表达了一种战胜自我、洒脱自在的大无畏的英雄气概，以及在峨眉山中峰寺与清风明月相伴的无欲无求的喜悦心情。

王阳明曾言，“杀山中贼易，杀心中贼难”，大师以其深邃的智慧和过人的悟性，杀尽心中贼，显现自性空，完成了从名将到名僧的转化，返璞归真，离苦得乐。大师对峨眉山僧人习武有首倡之功，被奉为峨眉武术祖师之一。2017 年，中峰寺被命名为“峨眉武术发源地”。

峨眉武术在发展过程中也受到北方少林拳的影响，据《逝去的武林》[3]介绍，隋朝末年，云游到峨眉山的少林僧人云昙将少林拳传给峨眉僧人，峨眉武术也吸收融会了少林武术的精华。

两宋时期，峨眉山逐渐成为普贤菩萨的道场，僧人大增，其中有不少武僧。南宋建炎年间，临济宗有位懂医学的白云禅师将阴阳虚实和人体盛衰之机理与武术中的动静功法相融合，创编“峨眉气桩功”。据已故中国佛教协会副会长巨赞大师考证，所谓“峨眉临济气功”，乃南宋末年峨眉山佛教临济宗白云禅师创立。自那时起，峨眉山金顶就把这套功法作为镇山之宝，秘不外传，每代只传一人，受传者要拈香盟誓，不传外人。至 20 世纪 20 年代，善此桩法的只有金顶的永严法师一人。这套功法后由永严法师传给周潜川先生（镇健），再传至巨赞法师，后又传至傅伟中，此后这套功法才为世人所知。[4]

南宋时期，又有德源和尚模仿猿猴腾跃动作，编出一套猿拳。德源和尚眉毛纯白，人称“白眉道人”，故武术界又将猿拳称作“白眉拳”。德源长老还写下《峨眉拳术》一书，从理论上对峨眉派武术做了系统的总结。多数学者认为，这本书就是峨眉派武术发展成熟并自成体系的标志。

明代是峨眉山佛教的鼎盛时期，此期的峨眉武术臻于成熟，与少林、武当鼎立而三，也是峨眉山习武僧人最多的一个时期。明人唐顺之[5]在《峨眉道人拳歌》中记录了一位峨眉山僧人武术表演的情况：

浮屠善幻多技能，少林拳法世稀有。
道人更自出新奇，乃是深山白猿授。
是日茅堂秋气高，霜薄风微静枯柳。
忽然竖发一顿足，岩石迸裂惊沙走。

…………

余奇未竟已收场，鼻息无声神气守。
道人变化固不测，跳上蒲团如木偶。

看来这位道人的武功已经出神入化，达到上乘境界。但此“道人”是否为道士？从诗作本身及明代峨眉山佛教情况分析，应该指僧人，主要原因有以下三点：第一，佛教也讲修道，此道为佛道之意，故此道人指僧人；第二，第一句“浮屠善幻多技能”中的“浮屠”即指佛教，最后一句“跳上蒲团如木偶”的蒲团也是僧人打坐、礼佛的用具；第三，明中后期，由于明神宗及慈圣皇太后对峨眉山特别尊崇，峨眉山佛教达到鼎盛，此期峨眉山上的道观已经绝迹。崇祯六年（1633）四川监察御史刘宗祥见道教在峨眉山如此衰微，故重建纯阳殿。

明代峨眉山重要的武师还有明清枪派中的重要一支——峨眉枪法的创始人普恩禅师，其事迹见于吴殳[6]《手臂录》，书中说：

西蜀峨眉山普恩禅师，祖家白眉，遇异人授以枪法，立机空室，练习二载，一旦悟彻，遂造神化，遍游四方，莫与并驾。枪法一十八扎、十二倒手，攻守兼施，破诸武艺。[7]

据该书记载，普恩遇异人授以独特枪法，于密室研习两年，始彻悟枪理与精义，遂挟枪技游弋武林，无有比肩者，名重一时。普恩将其枪法传于徽州程真如和月空行者，二人将其带回中原。后来程真如达其义，编著成书，命名为《峨眉枪法》，传于朱熊占。朱熊占于1662年在鹿城盛辛五家中巧遇江苏太仓人吴殳，朱熊占慧眼识人，收文武兼备、年已五十一岁的吴殳为徒，亲传峨眉枪法并赠其书。吴殳于1678年将《峨眉枪法》收入自己的著作《手臂录》，使其流传千古。峨眉枪法亦成为武林名枪之一。

《逝去的武林》记载，明崇祯年间，峨眉山永庆寺武僧月朗，武艺超群，尤精硬气功，人称“铁头和尚”。有一次，他从林中负薪归寺，路遇一虎挡道，挥之不去。他一怒之下抓住虎颈，如牵羊一般带回寺中并以铁链系之于柱，后因方丈训斥才放虎归山。

至清代，峨眉武术得到更大发展，习武僧人数量更多。清初，白龙洞湛然法师精于武术，结合前辈经验和生平所学，撰《峨眉拳谱》一书，使峨眉派武术理论进一步发展。他概括了峨眉派武术的特点及形成经过：“一树开五花，五花八叶扶。皎皎峨眉月，光辉满江湖。”这就是说，峨眉派武术是博各家之长，结合自身特点而成的。“八叶”指主要的八派武术

“僧、岳、赵、杜、洪、化、字、会”，“僧”即指峨眉僧人所创门派。

清代乾隆年间，有峨眉山僧在传统功法的基础上，与青龙白鹤的动势结合起来，新编了“六乘拳”，现流行于四川南充一带。大坪寺僧创编“浪子燕青拳”，共四十六势，今四川富顺一带仍有流传。

清嘉庆年间，峨眉山龙神堂极善法师创编“乌龙拳”。他一次入山看到雨后的黑龙江水宛如乌龙飞升、旋绕而进，顿时悟出练拳之道，应柔中含刚，盘旋中寓猛进之势。于是将自己所学的形小而弱的蛇行拳改为形大势长、拳刚掌巧而腿多变的乌龙拳。[⑧]这套拳法，他苦练十载，才获成功。

清末，仙峰寺神灯长老和紫芝洞清虚道长为发扬峨眉派武术，遍访大江南北、长城内外，而后回峨眉苦心编出“峨眉子午门武术”，一时名震宇内。

民国时期，峨眉派武术继续发展。此期练武僧人数量很多，峨眉山一位老法师曾给乐山民俗学者徐杉唱过一段民国时期峨眉山的民谣，表达了民国时期真实的历史和生活状态：

报国寺的谷子，
伏虎寺的竹子，
洪椿坪的蜂子，
九老洞的锭子（拳头），
洗象池的猴子，
金顶上的银子。

关于这段民谣，老法师解释说，过去报国寺田产较多，每年要收几百石的黄谷，颇有些惹人眼红，他曾目睹峨眉九里一带有名的土匪头子汪三麻子，光天化日之下，率上百号人到报国寺打劫。伏虎寺内原有十二个天井，从山门到大雄殿、财神殿、送子殿直至罗汉堂，廊腰缦回，两旁翠竹森森，绿荫掩映。洪椿坪四周山花烂漫、野蜂成群，和尚们做了许多蜂箱安放在山间，每年都要收获大量野蜂蜜。拳头，峨眉方言称“锭子”，九老洞和尚善武术，加上所处地势居高临下，易守难攻，多次打得土匪丢盔卸甲，狼狈逃窜，最终不敢冒犯。洗象池猴子成群，经常拦路向行人索食，成为峨眉山一幅妙趣横生的风景。金顶是峨眉山顶峰，到此朝拜的游人信徒大都要捐献供奉，故被说成是全山收入最多的寺庙。

我国现代著名佛教学者王恩洋先生（1897—1964）也曾经在《雪天清话》中讲过峨眉山僧人习武之事：

> 予复忆今年（1944 年——笔者注）初夏游峨眉山，慧明上人同行焉。言其师爷行事颇悉。又言其师，幼习弹子，初击大圈，次击中圈，后击小圈，后中点，后中钉，最后弹击针锋，可以百步穿杨，百发无不中。……（后遇一陕人，曰师之艺只能弹静物，无用），（师）曰，然则如之何而可。曰，必也，眼到意到，而弹即到，庶几乎可。其师服膺其教，疾走奔驰盘旋仰侧以习弹，又十年而成。[9]

文中还讲了其师以武功折服一位卖艺者之事：

> 其年有卖解者数十人携豹熊罴至其寺投宿。其师厌烦扰，推谢之。卖解者骂詈以去。俟其住定，嘱沙弥武装负弓而往。卖解者曰，此何为。曰弹弹耳。曰能中若何。曰，可中空中麻雀。曰，可得而试乎。曰可。时戏楼上息有麻雀，曰弹彼何如。曰可。然吾沙门，不伤生命，弹其尾上一羽可也。拈弓弹至，麻雀惊飞，果弹其一羽落地上。卖解者称善。（后卖解者卖艺时，又嘱沙弥舞双刀吸引观众）……卖解者一钱不获，乃往师处请罪。卖解者经师开导，终谢罪而去。[10]

慧明上人为其师，其师祖皆为习武之僧人，而且技艺高超，严守戒律，以武习禅。惜因峨眉山各类志书记文之事多，记武之事少，但从此记载可见清至民国时期，峨眉山僧人习武之风之盛。

民国时期最著名的习武僧人是金顶的永庆法师与永晖法师。据传，永庆法师曾于一个月明之夜，在寺外绕大树三匝，腾起一脚向大树踢去，顿时树叶纷飞，宿鸟惊起，树身晃动不已。此树颇壮，非千斤之力，实难动摇。又传，永晖法师于 1932 年在金顶出家，他的功法以柔功为主，全身柔软无骨，以“醉八仙”和“猴拳”出名，曾与一上海武林高手在成都少城公园打擂得胜，后还俗成为武术教练。[11]

二

关于峨眉山僧人的习武情况，见诸正史者极少。对峨眉山历史而言，历代文人学者关于峨眉山的志书、游记都可算作“正史”，也可说是“信史”，如曹学佺的《蜀中广记》、蒋超的《峨眉山志》等。“信史”也是相对而言的，同样的历史事件，同样的历史人物，同样的史料，在不同史家笔下，书写可能很不相同；而且在正史中，故意篡改销毁文献档案，以隐蔽历史真相也是有的。民间发生的很多事件，正史也不一定收录。与“正史”相对的就是“野史”，后者多为随笔札记、名人轶事、三教九流，风土人情等。尤其是当朝人记当朝事的笔记小说，或耳闻目睹，或道听途说，传信传疑，但并不是无中生有的凭空虚构。这类“野史笔记”，不同于“正史”的官方书写，而是历史的个人书写。现代史家认为，“正史”与“野史”相互参证、相互补充，才能了解很多历史细节。因此，上面关于峨眉山历代涉武僧人的记载，基本上是可信的。

峨眉山佛教僧人修炼武术，主要基于以下两方面的原因：

一者为修行的需要。佛家以追求解脱与证得菩提为根本目的，其方法则是修习戒定慧三学，戒为戒律，最基本的是五戒；定就是禅定，指集中精神，心无旁骛，主要的方法是打坐；慧即佛家的般若智慧，此智慧能观察到宇宙人生的根本真相。这三者的关系是戒为定基，定能生慧。三者中，定起到的是津梁的作用，所以佛家历来重视禅修。禅法的发展在中国经历了小乘禅（以修数息法为主）、大乘禅（以念佛为主），最后发展到祖师禅这一阶段，形成了中国特色的禅宗。在禅定方面，禅宗不以静心凝坐的坐为禅定，而以收摄散心的随缘任运为禅定。慧能在《坛经》中对禅定重新下了定义：“外离相曰禅，内不乱曰定。”这种外禅内定，就是禅定，这就扩大了禅定的修习范围：只要是对当下之事能做到高度的专注，就是在修禅。故禅宗祖师认为，行住坐卧皆是道。而武术不仅是一种身体运动，更需要精神的高度专注与坚强的意志力，在练习的过程中达到主客皆泯、物我一如的忘我之境。这正是修禅所要达到的目的。因此，将习武作为修禅及修心的手段，是入道的一种方便之门。

二者由峨眉山地形及峨眉山佛教形成特点决定。峨眉山高出五岳，最高处3099米，林木繁盛，雨量充沛，森林郁闭度极高，但山中夏季潮湿、冬季寒冷，在这种气候条件下，仅靠静坐对身体是有害的。因此，僧人在参禅静坐、念经拜佛之余，也经常习练拳脚、弄枪使棒，一则为舒展筋骨、强身健体，二则也为保护寺产、维护寺院清净。由于他们平时参禅打坐，具有深厚的内功；再加上峨眉山佛教形成初期是僧道两家共居一山，两家在相互切磋中取长补短，既吸收了道家的动功，又吸收了佛教禅修的静功，创造出一套动静结合的练功方法。这种方法与各种拳术、器械、散打及气功结合在一起，便构成了庞大的峨眉派武术体系。

止戈为武，武所体现的是一种和谐与自然，这是最上乘武功所要达到的境界，也是佛之境界。自古禅武一家，武以禅为旨归与灵魂，禅以武为方便与途径，二者相辅相成，缺一不可。峨眉武术是修禅的一种法门，习武也需要禅的引导方可达致习武的最高境界。峨眉山佛教历代僧众以武术修习佛法，可谓匠心独运，也是对普贤行愿精神的精勤实践。

结　语

为弘扬峨眉武术，扩大峨眉武术在国际国内的影响，加强对峨眉武术的研究，由峨眉山佛教协会发起成立了“峨眉武术联合总会”，并于2010年4月26日在峨眉山大佛禅院峨眉讲堂举行了成立大会。四川省体育局局长朱玲，四川省体育局副局长蒋显能，四川省佛教协会会长、峨眉山佛教协会会长永寿法师，成都体育学院教授习云泰以及来自巴蜀各地的峨眉派武术名家参加了大会。国内外武术界纷纷发来贺电，如武当派祖庭掌门宗师游玄德，国际武术散手道联盟总部主席梁守渝，哥伦比亚大学散手道团队，加拿大白眉派国术联合总会，美国峨眉文武集团总裁陈朝辉等。

峨眉武术联合总会成立后，朱玲局长出任荣誉会长，代表了官方对该机构的认同；峨眉武林各派传人齐聚峨眉，国际武术散手道联盟主席梁守渝引领33个国家的峨眉武术传人认祖归宗，宣告了峨眉武术诸侯林立局面的结束。

峨眉武术属于国家级非物质文化遗产，峨眉山佛教协会是这笔遗产的传承者。作为峨眉武术联合总会的主要发起人，峨眉山佛教协会积极支持峨眉武术联合总会的工作，使总会成为弘扬峨眉武术的一个核心组织。同时，总会在峨眉山大佛禅院建立了峨眉武术宗祠、峨眉武术研究机构及培训基地，为峨眉武术爱好者建立了一个心灵的家园、修行习武的中心，使峨眉武术更快、更好地发展，翻开了峨眉武术发展的崭新一页。

注释：

①蒋超：《峨眉山志》卷之四《高僧》，馆藏于峨眉山佛学院。

②淡然大师事迹见明代武侠历史小说《禅真逸史》，作者为明代清溪道人，有黑龙江人民出版社 1986 年初版、浙江古籍出版社 1987 年版、上海古籍出版社 1996 年版等版本。

③李仲轩口述，徐皓峰整理：《逝去的武林》，南海出版社，2009 年。

④《巨赞法师谈峨眉十二庄》，见《巨赞法师文集》（下），团结出版社，2001 年。

⑤唐顺之，嘉靖八年（1529）会试第一，官翰林编修，后调兵部主事。当时倭寇屡犯沿海，唐顺之以兵部郎中督师浙江，曾亲率兵船于崇明破倭寇于海上。升右佥都御史，巡抚凤阳，至通州（今南通）去世。崇祯时追谥襄文。学者称“荆川先生”。唐顺之著作有《荆川先生文集》，共 17 卷，其中文 13 卷，诗 4 卷。《峨眉道人歌》出自卷 2。近代林纾辑有《唐荆川集》，为较通行的唐顺之选集。

⑥吴殳（1611—1695），江苏太仓人，明末清初诗人、史学家，也是一位成就卓著的武术家和武学学者。

⑦吴殳：《手臂录》，山西科学技术出版社，2006 年。

⑧李仲轩口述，徐皓峰整理：《逝去的武林》，南海出版社，2009 年。

⑨⑩《王恩洋先生论著集》第十卷，四川人民出版社，2001 年。

⑪何志愚：《佛教圣地峨眉山》，天马图书出版有限公司，2001 年。

王荣益：《四川佛教》执行主编，峨眉学研究员。

李万锋：峨眉山市武术运动中心办公室主任。

穿越轮回的智慧梵音

——话说峨眉山佛教音乐

林　立

摘　要：峨眉山是中国四大佛教圣地之一，峨眉山佛教音乐则是峨眉山佛教文化的重要内容，是中国宗教音乐的重要组成部分，至今在中国乃至世界佛教文化发展过程中有着深远的影响。同时，峨眉山佛教音乐也是峨眉山民间音乐的组成部分，从一个侧面反映了中国特定的历史时代和人们的社会生活，是中华民族文化宝库中的一份珍贵遗产。

关键词：峨眉山　佛教　音乐

一、溯源：民间音乐的依稀梦痕

东汉，佛教传入峨眉山，至今已有两千多年的发展历程，峨眉山佛教音乐则是在东晋隆安三年（399）以后才传入峨眉山的。《峨眉山志》记载："晋释慧持，远公之弟，与远共事道安法师。及安在襄阳，远公东下，持亦俱行。初憩荆州上明寺，后适庐山，皆随远共止。持欲观瞻峨眉，振锡岷岫，乃以晋隆安三年，辞远入蜀……止龙渊精舍。"也就是在这段时间，慧持把道安所制定的"僧尼轨范""佛法宪章"传入了峨眉山。之后，唐代的慧通、宋代的行明、明代的宝昙等一批江南高僧也来到峨眉山，并把江南佛曲带到峨眉山，融入当地寺庙原有的佛曲之中。世代相传，演变至今，在峨眉山佛乐曲调风格中仍能发现"江南吴歌"的痕迹。如《三十五佛》《皈依雄》《赞三宝》等佛曲中的部分旋律都可在江南民歌中找到，有着江南"纤婉为工"的感觉。中国音乐家协会成都分会 1955 年编录的

《寺院音乐》一书中写道："四川佛教寺院中的佛曲，都是从下江（江苏）扬州学来的，由于没有乐谱，全靠口传，因此四川各寺院所流传的佛曲，并不完全一致，相互间多少有些差别。"由此亦可说明峨眉山佛教音乐确属"江表"一脉。

但是，峨眉山佛教音乐并不是纯粹的"下江货"，峨眉山的佛乐曲牌也受到了川剧曲牌的影响，有些佛乐曲牌与川剧曲牌的旋律非常相似。其中一些佛曲虽然来自江南，但经过世世代代的口传心授和发展演变，已融入不少峨眉山和四川其他地方的民间音调。其声委婉流畅，唱吟动人，为峨眉人所熟悉，亦为峨眉山增添了浓郁的佛教色彩和感人至深的气氛。现在的峨眉山佛教音乐是峨眉山僧人千百年来在进行佛教仪式的过程中，经过集体的丰富完善，通过口传心授而保留下来的。峨眉山佛教音乐的整齐、统一，说明了佛教音乐的传承是集体的，不存在派别，佛教音乐的传承是在僧人们阶梯式的年龄差异中无代、无届、无痕，自然而然地发生的。

二、演唱：穿越轮回的智慧梵音

峨眉山佛教音乐曲目丰富，现在使用的有一百多首，常用的有六十多首。个别的曲目已不再使用，如《弘自五台》《叹骷髅》等。峨眉山佛乐的唱词大多采用旧式词牌的格式，音乐调式以宫调式和徵调式为主，给人以清静、庄严、肃穆之感。峨眉山佛教音乐的唱腔讲究"八梵"，《十住断结经》中写道："一不男音，二不女音，三不强音，四不软音，五不清音，六不浊音，七不雄音，八不雌音。"这种不男不女、不强不软、不清不浊、不雌不雄的"中庸平和"之音强调自然和谐，演唱难度相当大。演唱时，僧尼们必须虔诚，不能为演唱而演唱，因为演唱是一种虔诚的修持行为。

目前，峨眉山寺庙中所用佛曲主要有：课诵时用的《赞三宝》《香赞》《拜佛偈》《杨枝净水》《念佛赞》《大三皈依》《小三皈依》《毗卢灌顶咒》《开经偈》《普回向真言》《观音灵感真言》《佛宝赞》《智慧香》《梅花引》《三香词》《十方总佛》《生极乐》《安位》《自然玉露》《肃坛回向》等；迎请法师讲经说法用的《白锤》《开经偈》等；瑜伽焰口用的《香赞》《小板参台》《准提咒》《五方结界》《振铃偈》《自性偈》等；普佛、普供、节日、法会等佛事活动用的《宝鼎热炉香》《龙涎藏》《圣无量寿陀罗尼》《起佛偈》《拜佛忏悔文》《赞西方》《悟圆通》《绕灵山》等。

峨眉山佛教音乐存在于各类佛事活动中，各寺庙除必做之早课、晚课外，一般大型佛事活动都集中在大佛禅院报国寺、伏虎寺、万年寺、金顶华藏寺等寺庙进行。佛曲给人以清静、庄严、肃穆之感，闻其乐，烦虑顿消，恍若远离尘世，进入佛国净土，达到虚幻无我的境界。

佛事活动中演唱的佛曲，除唱腔外，还使用伴奏。伴奏乐器有铛、铰、木鱼、鼓、大磬、引磬、铃、笛……伴奏乐器的编制随唱腔板式而定，有时全部使用，有时只使用一两种。板式中有铛铰板、鱼板、铃鼓板等。铛铰板以铛铰乐器为主要伴奏乐器，其余乐器则随铛铰按固定的节奏伴奏。它又因唱腔在翻板上的不同而分为七星、三星、连九等板。木鱼的伴奏主要用于念诵。近年来，随着新型低音木鱼的出现，佛曲唱腔伴奏中加入了低音木鱼，柔和、深沉的木鱼声充当了低声部的伴奏角色，使佛曲更加丰厚、润泽。铃鼓板以铃、钟和鼓作为伴奏。根据需要随节奏作快慢变化，叫作翻板。

佛曲应用于以下范围的佛事活动中：

课诵。课诵是僧尼们朝暮必做的功课，按《禅门课诵》进行。用于课诵佛曲有《赞三宝》《香赞》《拜佛偈》《杨枝净水》《念佛赞》等近二十首。

迎请法师讲经说法时也要用音乐，有《白锤》《开经偈》等数首。

瑜伽焰口。这是超度荐亡的一种佛事活动。其音乐形式是以朗诵、咏歌和表演（作法动作）相结合的赞佛超荐形式。演唱时“始缓终急”，是一种比较系统、完整、音乐性很强的形式。瑜伽焰口的演唱依照《瑜伽焰口》范本进行，不用于其他佛事活动。演唱者由七至八人组成：金刚上师（掌坛师）坐在法台正中，其余分两旁站立，各执铛、铰等乐器，敲木鱼者称“维那”（音乐指挥），整个伴奏以木鱼为主导。金刚上师是全台焰口的总指挥，维那与他配合十分默契。金刚上师司道白、咏诵、做手印法式表演，维那司举腔（领唱）。一台焰口从头至尾一般要四五个小时。

用于瑜伽焰口的佛曲有《香赞》《小板参台》《准提咒》《五方结界》

《振铃偈》《自性偈》等不同唱腔的赞偈三十多首。

普佛。普佛是施主求做的佛事，分阴普佛和阳普佛。阴普佛是为死者超度荐亡；阳普佛是为生者消灾、祈福、延寿。

普供。普供一年只在元旦、除夕进行，即向寺内所有佛、菩萨、神祈上供，在每尊位面前唱每尊神的“赞词”。

节日。每个节日都有不同的内容，如观音会以赞颂观音的唱偈为主；佛诞节以赞颂释迦牟尼佛的唱偈为主；盂兰盆会则根据《盂兰盆经》进行超荐。

法会。法会多为临时需要而举行，内容有祝福、祈祷、消灾、荐亡、超度等。如：1986 年为响应联合国倡导的国际和平年活动，在报国寺举办了“祈祷和平法会”；1988 年应澳门居士的请求，在报国寺举办了“万名居士祈祷和平大悲法会”以及一年一度的“万盏明灯供普贤”大型祈福供灯法会；等等。

用于以上佛事活动的佛曲较多，有《宝鼎热炉香》《龙涎藏》《圣无量寿陀罗尼》《起佛偈》《拜佛忏悔文》《赞西方》《悟圆通》《绕灵山》等六七十首。

三、传承：佛陀之音的声声不息

峨眉山佛教音乐承载着历史、承载着峨眉山僧尼对佛旨的禅悟，是峨眉山僧尼精神文化生活在音乐方面的体现。它对研究我国佛文化，研究峨眉文化有着重要的史料价值和较高的音乐价值，对于弘扬民族文化有着不可或缺的研究、借鉴价值。从 20 世纪 50 年代初起，峨眉县文化馆的音乐工作者林木先生等人就开始了对峨眉山佛教音乐的收集整理工作，并在此基础上，研究、考证了峨眉山佛教音乐的渊源。1954 年，由西南音乐工作者协会、西南音乐专科学校、西南人民艺术剧院等单位共同组织，王兵林、邱仲彭、刘世富、巫选文、熊冀华、亚欣等六人组成的寺院音乐采集工作组来到峨眉山，全面开展了对峨眉山寺院音乐的记谱、录音以及相关资料的收集工作。参加佛曲经文唱诵的有来自峨眉山报国寺、伏虎寺、万年寺等几个主要寺院的法师普超、行观、圣柱、传戒、常静等九人和峨眉山学委会的何志愚等人，共记录了一百余首佛曲。1955 年，中国音乐家协会成都分会将工作组收集整理的峨眉山佛教音乐编入《寺院音乐》一书，成为四川佛教文化宝库中的重要遗产。

近年来，峨眉山市投入了大量人力、物力、财力，对峨眉山佛教音乐进行调查摸底，挖掘整理，建立档案，制作文本，开展活动，并通过多种媒体宣传峨眉山佛教音乐。先后将峨眉山佛教音乐成功申报峨眉山市、乐山市和四川省非物质文化遗产名录，目前正着手国家级非物质文化遗产名录的申报工作。同时，相关部门积极配合，将峨眉山佛教音乐与峨眉山旅游相结合，使之成为峨眉山旅游文化的重要组成部分，成为峨眉山佛教文化中的一大亮点，成为打造国际旅游休闲度假城市的一项重要元素。

林立：峨眉武术联合总会副会长，峨眉学研究员。

挹秀峨眉　弦歌不辍

——抗战期间四川大学迁峨对地方的贡献

刘友箭

摘　要：1937 年七七事变后，全民族抗战爆发，国家民族处于艰险危局之中。为避日机轰炸，保存中华文化之精英，1939 年 4 月，四川大学将学校本部和文学院、法学院、理学院三个学院迁至峨眉，又新办新生院和师范学院。一时峨眉人才荟萃，五院弦歌，学校成为西南文化的高地。从 1939 年 9 月四川大学迁峨办学至 1943 年 3 月回迁成都，三年多的时间里，学校在峨眉设立邮局、创办小学、建立医院、服务社会、宣传抗战、开展学术研究，取得了一系列丰硕的成果。四川大学迁峨办学是峨眉抗战史上值得大书特书的篇章。本文就四川大学迁峨对峨眉地方经济社会文化的发展所做的贡献从五个方面进行了初步探讨。

关键词：抗战　川大迁峨　地方贡献

1938 年 10 月 4 日，日机轰炸重庆，11 月 8 日，开始轰炸成都，妄图销毁中国人民的抗战意志。1939 年 6 月 11 日，日机对成都进行的大轰炸引起熊熊大火，全城房屋被烧毁十分之一以上，人员伤亡惨重，财产损失巨大，成千上万的市民争相出城躲避空袭，商店关门，政府机关停止办公，学校提前放假。为避免日机轰炸，保障师生安全，1939 年 4 月，经国民政府教育部核准，四川大学将学校本部和文学院、法学院、理学院三个学院迁至峨眉。

从 1939 年 9 月四川大学迁峨办学至 1943 年 3 月回迁成都，三年多的时间里，学校在峨眉设立邮局、创办小学、建立医院、服务社会，在方便本校师生的同时，也为地方经济社会文化的发展做出了重要贡献。

一、设立邮局医院，方便民众

四川大学迁峨后，以峨眉山下的寺院为依托，以附近村舍为辅助，将校本部及文、法两院设在伏虎寺，理学院设于保宁寺和万行庄，教职员宿舍设在报国寺，新生院设在鞠槽将军府，各院搭建竹棚作为校舍补充。1940 年《新新新闻》每旬增刊记载："一千三百个学生（除农学院一百余人在成都），三百多位教授职员，像星点般的点布在雄奇秀丽的峨眉山下，到处可以发现他们的足迹，伏虎寺住了七百个文法学院的学生，它是我们的大本营、学校行政的场所，校长，教授们住在报国寺，还有一些教授、学生分居在各个寺院。离伏虎寺八里，马路的左侧，是设在万行庄的理学院，他们的教授住在幽静的保宁寺。沿着伏虎山麓向东边走去，八九里的路程，便是鞠槽——新生院。这三个学院的距离，刚巧是构成了一个等腰三角形。"[①]

为方便师生员工，四川大学在学校内兴办公用事业，设立了邮局、医院，附近的老百姓也都跟着受益。"以前寄一封平信，非进城不可，现在邮局设在伏虎寺，不论平信，挂号信，航空信寄起来都非常方便，银行设在学校里，寄钱来去也不必往别处去跑，电话，电报一直可以通到国内各大都市，再方便也没有，因此我们对于各方面的消息也极灵通。"[②]

学校迁移到峨眉后，完善了医疗设施，在伏虎寺图书阅览室上端的山坡上设立了医药卫生组，设有诊断室、手术室、药房、疗养室，配备了 15 名医疗人员，含医师 5 人（中医 1 人）、药剂师 3 人、看护 5 人、书记和练习生各 1 人。在万行庄的理学院、鞠槽的新生院都设了医疗卫生分院，解决了师生员工的看病问题。校医室还对外开放，为民众诊疗，"不但使全校的教职员同学方便了不少，就是附近的农民们，我们也为他们义务诊疗，受惠不少"[③]。

二、创办报国小学，利济僧俗

四川大学迁峨后，移居峨眉的教职工子女甚多，而附近没有一所设施完善的小学，附近居民的子女也苦无就学之所。几经筹划，乃于1939年11月成立了国立四川大学附设峨眉报国小学董事会，由四川大学（下文简称“川大”）与峨眉山僧众合办，设9名董事会成员，川大6人，由刘胥功任董事长，蔡彰淑任校长。1940年5月23日，经第八次校董会决议，罗容梓辞去董事，聘沈苇斋为董事，并聘请戴克光、叶石荪两名家长代表为学校董事（四人均为川大教授），学校董事增至11人。

此事得到报国寺、伏虎寺两寺的大力支持，由二寺捐助木料。1939年12月30日，报国寺在给川大创办小学董事会的公函中说：“贵校创办小学，利济僧俗。敝寺亦同深感，特承捐松树一百二十根，在寺界红珠山抽砍，合请转请峨山林场派员指导，以免损伤风景。至砍伐日期，即请酌定通知为荷。”1940年1月4日，伏虎寺在公函中说：“贵校创办小学，利济僧俗，培制文风。敝寺亦同深感，特捐杉木五六寸之过心，在寺界内抽砍六十根，合请转请峨山林场派员指导，以免损坏风景。至砍伐日期，即请酌定通知为荷。”

该校乃于1940年4月1日正式开学，是为报国小学。除收录川大教职员工子女外，也收录临近乡村失学儿童。学校的教师有一部分由川大教育系同学义务担任，附近乡村的贫苦儿童和庙里的小和尚都免费入读，甚至书籍笔墨都免费供给；教授先生的子女则每期收取三元钱的学费，作为学校的一部分经费。这样一来，学龄儿童便不至于失学，教职工也能安心教学。

学校还特制“愿入报国小学儿童预行登记表”，分送各方登记。1940年上学期，聘请教师9人，员工1人，开设4个班，招收学生100人；下学期，聘请教师12人，员工1人，开设4个班，招收学生115人。1941年上学期，聘请教师15人，员工1人，开设4个班，招收学生122人；下学期，聘请教师16人，员工2人，开设6个班，招收学生132人。

教职工一部分由川大教育系学生义务担任外，聘任的教职工的薪酬很低，1940 年两学期 10 名教职工的薪酬总共才 100 元。由于川大迁峨，人数激增，物价高涨，当年峨眉县的米价从每斗八元余涨至十元余，菜油从每斤八角涨至二元四角。这样低的薪水不足以维持教职工的基本生活。由于办学规模扩大，校舍教具、图书设备及经费缺乏，该校校董会乃决议请四川大学接手，改为大学正式附小。1941 年 8 月，四川大学师范学院成立后，经国民政府教育部指令，正式改为四川大学师范附小。教职工的收入有了固定的来源，学校才稳定下来。

三、重视社会服务，开启民智

川大非常重视社会教育工作，并积极推行。文学院设立小学教育通讯研究处，开办民众夜课学校；法学院设立民众法律顾问处；理学院设立战时民众常识讲习班等。在峨眉的川大学生课余积极参与社会实践活动，服务大众。

（一）利用假期进行访问、宣传

纪念日，特别是“九·一八”“一二·八”国耻纪念日，又是放假的时候，同学们自动组织起来，分成若干小队，携带着宣传小册子、标语、漫画、壁报等，到附近的乡镇散发宣传品，表演剧目，进行讲演，访问农民家庭等。如：1939 年 9 月 18 日，部分川大学生节省了两周的伙食费，购买中秋月饼 350 个，分成小组，每组四人，由保甲长引导，到青龙场和冠峨场两个地方的农民家里去访问，把月饼分送给他们。特别是对出征军人的家属进行慰问。1940 年的春节假期，川大社会教育推行委员会组织学生春假乡村宣传队，用了一个星期的时间，徒步 400 里，到嘉定（今乐山）、五通桥、夹江一带进行宣传和访问。教育经济系的学生还与附近农民交友，每人长期联系 10～15 户农户，从事农村调查和宣传。1941 年春节假期，法学院学生组成峨边旅行队，经由龙池到达峨边沙坪，并深入少数民族聚居地数十里，对所经之地进行社会经济、教育文化、生活风俗等情况的调查。

（二）进行识字教育

川大在理学院设立了民众学校，在报国寺设立了民众法律顾问处，教民众识字，热诚地为民众提供义务服务。管理人员及教员大多数为川大教育系的学生，男女学生有 54 人，分成甲、乙两组授课，课程有国语、珠算、唱歌，还开设了常识与公民训练两个科目。

（三）校地合办运动会

为增进与峨眉地方的友谊，增强学生体质，为抗战培养后备人才，1942 年 5 月 1 日至 3 日，四川大学与峨眉县政府联合举行峨眉县春季运动大会。5 月 1 日上午 9 点，运动大会在峨眉县绥山公园运动场开幕，参加单位有四川大学、峨眉县立中学等 20 余个单位，参加的运动人员有 400 余人。比赛分男子高级组（大学组及业余组）、女子高级组、男子中级组、男子初级组及女子初级组等 7 组，到会观众 5000 余人。参与人员精神振奋，情绪高昂，盛况空前。

四、进行抗战宣传，凝聚民力

川大迁峨办学正值抗战最艰难困苦的阶段，努力团结一切力量，凝聚起全国人民抗战必胜的信心，战胜万恶的日寇，成为当时的紧迫任务。川大师生尽己所能宣传抗战，鼓动峨眉民众积极支援前线，产生了良好的社会影响。

1939 年 9 月 18 日下午，川大精心组织师生千余人，赴峨眉城区进行抗战宣传，并参加峨眉各界纪念“九·一八”八周年纪念大会。理学院学生薛文彬代表全校同学向民众讲演，言辞极沉痛恳切，发人深省，激发起民众同仇敌忾之情绪。10 月 10 日，数百名男女青年学生来到峨眉县城，与中小学生和民众一起参加抗日游行，沿途高呼口号，高唱抗战救亡歌曲。川大学生分成六个小分队，进行化装表演和街头讲演，并在万寿宫演出了话剧《打鬼子去》，表演生动逼真，观众人山人海。11 日，在伏虎寺又举办游艺会，办壁报，绘制连环图画，向附近的村民宣传抗战，表演独幕剧《渡黄河》和三幕剧《软体动物》，到会的农村同胞络绎不绝，还吸引了县城的童军与女师同学。精彩的活动内容点燃了民众的抗日热情。“火热的情绪燃遍了整个的峨眉，农村同胞已渐走上抗战的行列。”④

1940年，为唤起民众共同抗日，学校发起“伤兵之友”运动，为抗战伤兵募捐，慰问阵亡官兵及伤兵家属。得悉冬天前方将士天冷衣单，同学们还利用假日，表演京剧《钓金龟》《玉堂春》《南天门》《法门寺》等，向全校师生募捐，募集400余元，汇兑前方。五四青年节，川大青年、望峨两剧社主办了纪念游艺会，表演节目，高唱《义勇军进行曲》，慷慨激昂的歌声响彻在伏虎寺上空，吹响了中国人民战胜外来侵略的战斗号角，激发了民众的爱国热情。

五、开展学术研究，贡献地方

川大迁峨后，一大批学问大家随之来峨。知名的教授学者有史学系教授冯汉骥、徐中舒，史地系教授束世澂、蒙文通、何鲁之，政治系教授萧公权，法律系教授胡元义、裘千昌，外文系教授罗念生，政治系教授吴永权，森林系教授李萨桢，教育系教授刘绍禹、张敷荣，物理系教授张宗蠡、郑衍芬，数学系教授柯召，文学系教授叶石荪，生物系教授方文培等。他们在各自的研究领域都有很高的造诣，在授课的同时还开展学术研究，取得了显著成绩。由于史料有限，这里仅就与峨眉有关的研究工作试举一二例。

（一）搜集史料和考古研究

1940年6月1日，史学系教授冯汉骥、徐中舒带领师生到夹江千佛岩、飨堂坝进行考古调查，考察了石像题刻和“双碑”（汉益州刺史杨宗、中官令杨畅墓道前之石阙），收获颇丰。生物系教职员负责《峨眉山志》生物志部分，在生物系主任方文培的主持下，参与重修《峨眉山志》，取得可喜成果。

（二）调查峨眉山植物种类

川大生物系迁峨后，师生利用峨眉山丰富的植物资源优势，开展各种植物标本采集。1940 年 5 月 22 日，生物系在万行庄举办峨山奇花展览会，陈列珙桐、杜鹃等各类花卉标本，吸引全校师生前往参观。在会场，生物系教授兼主任方文培讲解中国落叶杜鹃，并对采集的各种杜鹃进行了命名。会场还展出了邓纯眉同学的“峨眉初夏采集记”等。

川大生物系教授方文培在植物研究方面造诣颇深，名气很大，美国哈佛大学安诺德植物园特捐助经费，委托其调查川西观赏植物，同时进行野外实地考察，调查峨山植物，搜集植物标本，编印峨山植物志。这些工作均由方文培教授主持，并邀请国内外著名植物学专家参与。

方文培（1899—1983），字植夫，四川忠县（今属重庆）人，植物分类学家、教育家。毕业于南京东南大学生物系。1934—1937 年，在英国爱丁堡大学学习，获博士学位。1937—1947 年，任四川大学理学院生物系教授兼系主任，讲授植物学、植物分类学、林学系树木学等课程。后赴美国考察、讲学两年。1950—1983 年，任四川大学生物系教授。1954—1960 年，兼任中国科学院植物研究所研究员。1983 年 11 月 30 日，逝世于四川成都。

方文培是著名的槭树科和杜鹃花科专家，专攻植物分类学，毕生共发表论文 80 余篇、专著 15 部，共计 900 多万字。发现新种植物 100 多种，为调查中国植物资源、积累标本资料做出了贡献。撰写《峨眉植物图志》《四川植物志》及《中国植物志》等著作，培养了大批植物学专业人才。其功绩被载入《中国科学技术史》。

方文培于 1928 年登峨眉山采集植物，采集 1000 多种植物标本，共 10000 多份。其中有的是世界上第一次发现的新种，如在九老洞、初殿、华严顶发现的木瓜红，在洪椿坪附近发现的峨眉黄肉楠，在雷洞坪和接引殿发现的冷箭竹等。川大迁峨后，他克服科研条件艰苦及经费缺乏等困难，把全部课余时间用于潜心研究峨眉山植物，进行植物调查与标本采集。从 1934 年开始，他先后发表《中国的落叶杜鹃》《近时采集的中国杜鹃花》《峨眉山上杜鹃花》等著述。

1939—1946年，方文培在调查了峨眉山植物后，确定峨眉山植物至少有3000多种。从1942年开始，他从中选取有重要价值的植物及地区特有种共200种，编纂成《峨眉植物图志》，共2卷4册，每册载植物100种，每卷载50种，每种均附精美插图，用中、英两种文字描述。该书于1942年至1946年陆续出版。这是我国第一部地方性的植物图志，标志着植物学的研究进入一个新阶段。

全书40篇文章中，由方文培撰写的就有28篇。该书用夹江上等白纸精印，图的比例尺有的与实物相同，有的比实物稍小。一幅图版之上只画一种植物，或带花之枝，或带果实之枝。如为草本植物，则画全株——根、茎、叶、花、果。空白的地方是花之解剖图或果实之解剖图。

图版记载采用中英文对照，在每种植物的英文记载中，还标明了标本的采集者、采集地及采集日期，读者可以按图索骥。遇有新种，即按国际植物学会的规定，用拉丁文记载。这本书中记载了5个新种，即川茴香、程氏杜鹃、承先杜鹃、峨眉珍珠树、诚君珍珠树。

1942年，英国李约瑟博士在重庆看到此书后，特致函祝贺。他认为在战争的艰苦岁月里，能继续进行科研实属不易。他在1986年出版的《中国科学技术史》中写道：中国最杰出的植物学家方文培博士1939年发表了槭树科专著，他不仅用现代科学的分类方法采纳了拉丁学名、中文名称，而且还用英文描述特征。后来《峨眉植物图志》也同样采用此法，推动了植物学研究的发展。

川大在峨眉办学三年多，正是举国抗战最艰难的时期，国家民族正处于危急关头，教学条件简陋，物资匮乏，但全校师生满怀爱国热情，怀抱报效祖国的理想，克服艰难困苦，教师专心教学科研，学术研究风气浓厚，教学科研成果丰盈；学生潜心学业，刻苦自励。学校成为西南文化的高地，为国家培养了大批人才，为峨眉地方经济社会文化的发展做出了重要贡献。当时国民政府一政要评价川大成就时说："国立四川大学，早植成都之基，近挹峨眉之秀。十年教训，已见亲师安学之功。五院弦歌，克广成德达材之效。"⑤

注释：

①《新新新闻每旬增刊》，1940 年第 2 卷第 31 期，四川大学档案馆藏。

②③朱宝淇：《学生之友》，1940 年，四川大学档案馆藏。

④《国立四川大学校刊》，1939 年 10 月 11 日，四川大学档案馆藏。

⑤陈怀荣：《杂说月刊》1943 年 5 月 6 日，四川大学档案馆藏。

刘友箭：峨眉学研究员，《峨眉文史》副主编。

峨眉堂灯戏的前世今生

邹清福

摘　要：堂灯戏最早产生于峨眉山市普兴乡一带，是在四川民歌、民间舞蹈特别是花灯舞的基础上发展起来的一种幽默风趣、载歌载舞的地方戏曲剧种，被誉为“川剧之母”。与普兴乡比邻的夹江县华头、麻柳，洪雅县柳江、高庙等地也流传着峨眉的这种民间花灯戏。本文对堂灯戏的起源、流传、表演形式及传承进行了介绍。

关键词：峨眉山　堂灯戏　传承

一、峨眉堂灯戏的产生、流传和表演形式

堂灯戏属于一种民间表演艺术，它的传承全凭口授心传，没有任何文字记载，很难追根溯源，找到准确的历史源头。四川省的一些灯戏专家，根据峨眉堂灯戏的艺术特点、流传地域以及一些传人的口述，推断它的出现时间大致在明朝嘉靖年间，距今已有四百多年的历史。《四川省地方灯戏志》载文称：“四川灯戏为川剧的孕育和发展提供了养料。堂灯的一些曲调，不仅被川剧吸收为声腔，而且灯戏的很多传统剧目、表演艺术，也大大丰富了川剧艺术的表演能力。”堂灯戏和川剧是源与流的关系，堂灯戏被誉为“川剧之母”。

堂灯戏形成之初，主要是在大户人家的堂屋里表演，故而得名“堂灯”。后来虽然逐步走出了堂屋，也在外面进行表演，却仍然沿用了“堂灯”之名。

峨眉堂灯戏的表演形式有说有唱、载歌载舞，演员人数视剧情而定，

多为“丑”“旦”的二人台式，走步多为十字步，与花灯相似。

峨眉堂灯戏的调式以中国传统民歌的五声为主，即宫、商、角、徵、羽。其唱腔同川戏，道白全部为本土方言。唱腔高亢悠扬，帮腔洪亮激越。

峨眉堂灯戏的唱腔曲牌大致分为三类：其一，堂灯主调是“胖筒筒”，这也是堂灯的特色。男女腔都以固定的唱腔形式作为“帮腔”结束。其二，民间小调曲牌，此类小调多为外地流传而来，如平雀调、卖苏花、十朵花、麻柳调、补缸调等。其三，本地山歌、劳动号子等，如《打神》中的“麻柳湾”“迎亲”等。

峨眉堂灯戏的乐器主要有三类：一是打击乐，边鼓、板、梆子、钹、大锣、大钵、马锣、小锣、川铰子等；锣鼓牌子有四种，大长锤、和牌、挫四锤、花马锤。二是弦乐，以二胡为主，后来加入扬琴、树叶琴。三是吹奏乐，唢呐、笛子、箫。

峨眉堂灯戏的内容丰富多彩，主要是反映当地劳动人民的生活状况、道德情操和风俗民情。传统剧目中有反抗封建礼教、歌颂自由恋爱的《三儿子打鱼鳅》《鲤鱼哥哥讨亲》；有教化人们行善尽孝的《晒佛帕》《断机教子》；有破除封建迷信的《打神》《审哑》；有反映移风易俗、批评贪财爱钱陋习的《退彩礼》；有颂扬坚贞爱情、讽刺见异思迁、拈花惹草的《还是妻子好》；还有不少根据民间传说和历史故事改编的剧目如《打渡》《湘子渡妻》等。虽然堂灯戏的某些传统剧目难免有低俗的内容，但总体而言还是充满正气、引人积极向善的，加之其风趣幽默、通俗易懂，深受百姓喜爱。

峨眉堂灯戏在全国范围内具有唯一性。1987 年，四川省地方灯戏志会议对其源流、沿革进行了专门研讨。

二、峨眉堂灯戏的挖掘、整理和传承

根据近年的调查统计，普兴乡能表演堂灯戏的尚有余井泉等九人，而堂灯戏真正的传承人是刘成华。

由于堂灯戏流传的特殊性，全凭口口相传，没有任何文字记载，所以，到目前为止，除了老一批堂灯戏表演艺人之外，再没有新人加入。老人在不断地故去，年轻人又不愿意学堂灯戏。就在这种堂灯戏濒临绝迹的情况下，普兴乡土生土长的刘成华站了出来，挑起了挽救、传承堂灯戏艺术的担子。从 1996 年开始，他为堂灯戏的复苏和振兴做出了很多积极有效的努力。

刘成华的第一步就是向堂灯戏艺人学习，恭恭敬敬地拜他们为师，掌握堂灯戏艺术的精髓。在钻研堂灯戏艺术的同时，他着手进行了广泛、深入的挖掘整理。为此，他专门购买了一台摄像机和一套音响设备，利用业余时间走村串户，遍访堂灯戏艺人，广泛收集散落于民间的堂灯戏资料。

为了堂灯戏的传承，刘成华在收集、挖掘、整理上花费了大量的时间、精力和资金。他除自费组织本乡堂灯戏艺人的表演之外，还专门前往夹江县的华头、麻柳村等地，自己出钱，请那里的堂灯戏艺人表演，收集了不少珍贵的音像资料，仅各种堂灯戏曲牌、剧目就有五十多种。此外，刘成华还刻录了不少堂灯戏剧目表演的光碟，并借助各种媒体广为宣传，扩大影响面，争得社会方方面面的认可和支持。2004 年、2005 年原生态的堂灯戏分别被四川省电视台、中央电视台录播，其中的堂灯戏剧目《不走了》还被乐山电视台、四川省电视台两次播出。

刘成华的努力是有效的，他打破了堂灯戏口口相传的局面，让堂灯戏这门古老的民间灯戏艺术从此不仅有了文字记载，而且有了音像制品等现代化的保存方式，更利于其传播和传承。

2017 年 3 月 1 日，峨眉堂灯戏被正式列入四川省非物质文化遗产名录。

邹清福：峨眉山市作家协会副主席，峨眉学研究员。

“西蜀第一大刹”灵岩寺考辨

李家俊

摘　要：灵岩寺在明清时期是峨眉山麓最大的佛教寺院，被誉为西蜀第一大刹。明代帝王一脉崇信佛教，多次御赐峨眉山，峨眉山寺院规模达到鼎盛。“灵岩叠翠”美景成为峨眉山十大景观之一。明清之际，被甲申之灾祸，灵岩寺毁。本文就灵岩寺的建立、兴盛、毁坏及其影响进行探索考究。

关键词：峨眉山　灵岩寺　考辨

峨眉山历史上曾经有座被誉为“西蜀第一大刹”的灵岩寺，在峨眉及其相关历史典籍中均有记载。

一、灵岩寺的建立历史

灵岩寺地处峨眉山市高桥镇高桥河以南至严寺坝，位于峨眉山与二峨山过渡地段，地势由西南向东北倾斜，有多条褶皱，恰似龙脊，附近有十八个山丘，故称“九龙十八包”。刘君泽著《峨眉伽蓝记》记载，“其界东至鱼洞山背，南至卷洞溪，西至嶰板山坡，北过石佛龛岭，中连响水滩，下抵高桥河口”[①]，为灵岩寺地界。清嘉庆十八年（1813）版《峨眉县志》载，灵岩寺“在县南二十五里，近有高桥，宝掌和尚结庐旧址，事在周烈王三十二年（前403），历代重兴，至宋绍兴五年（1135）改护国光林寺，明成化元年（1465）又改为会福寺，后天顺四年（1460）颁赐龙藏”[②]。

有迹可循的是，灵岩寺始建于公元4世纪，印度僧人宝掌和尚来到峨眉山，称峨眉山“高处五岳，秀甲九州，乃真震旦第一山”，遂在峨眉山脚下结庐。宝掌和尚首选结庐之处即日后的灵岩寺。公元7世纪初，高僧灵龛禅师在宝掌结庐处创建灵岩寺，誉称宝掌和尚观佛处为“睹佛台”。唐代僧人黄檗、南泉“礼峨眉、观佛光、住锡灵岩寺”[③]，可见早在唐代，灵岩寺已负盛名。

太平兴国五年（980），宋太宗赵匡义召白水寺住持茂真大师入京，赐予诗文。茂真大师回峨眉山兴建白水寺、华严寺、中峰寺、牛心寺、黑水寺、灵岩寺六大寺。灵岩寺六大寺庙的兴建成为峨眉山佛教发展的里程碑。作为普贤菩萨的道场，峨眉山位列中国佛教四大名山。绍兴五年（1135），太尉王陵、朝请大夫知汉州军事王陟施资重修，改曰光林。其时殿宇林立，规模宏大。元末，灵岩寺毁于兵祸。明洪武年间，僧人弘义、圆通相继重建光林寺，复旧名灵岩寺。明景泰年间，宝峰和尚增建三世佛殿，殿前有明王楼，殿东有伽南堂，殿西为祖师堂。灵岩寺内禅堂、斋堂、静室、香房、客厅一应俱全，颇具规模。天顺四年（1460），明英宗朱祁镇赐《大藏经》一部藏于灵岩寺，灵岩寺名声大振。成化元年（1465），灵岩寺更名为会福寺。弘治十六年（1503），僧人本印重修灵岩寺，正德六年（1511）落成。灵岩寺规模空前，成为国朝一大寺庙群。谭钟岳《峨山图说》载，“寺宇四十八重……僧众千计”，这是灵岩寺历史上的鼎盛时期。

描绘灵岩寺规模之大，有几种说法：一者僧人众多，吃饭需要九十九堂，且前殿僧人不识后殿僧人。二者寺庙之大，需骑马烧香，策马夜巡，才能走遍灵岩寺各殿。民间有童谣道：月儿光光，骑马烧香……三者高桥镇上僧侣众多，一片绛红色，被称为“和尚场”。

崇祯十七年（1644），灵岩寺、伏虎寺、大峨楼、西坡寺、中峰寺以及乐山凌云寺同毁于兵火。[④]

古人上灵岩寺，旧道由新开寺右下坡，经万槽村，过高桥，进接引殿，再过观音桥（其间有一段平地，土壤肥沃，桑麻映道），再上右边的石梯，便是灵岩寺。今峨眉山市高桥中学内有座明嘉靖时期的青砂石牌坊，高近七米，正面镌刻“敕赐禅林”四字，表时灵岩寺得皇帝赐封；落款有“嘉靖年卯春二月，给事中安磐书”，背面有“祇园觉悟”四字，说明此碑是明嘉靖年间所立。安磐系明“嘉州七贤”之首，弘治十八年（1505）中进士，曾任吏部给事中、兵部给事中，嘉靖初因“大礼议之争”而受廷杖并被夺职。安磐善诗书，在峨眉山留下了许多诗文，他的《游峨集》给后人留下了昔日灵岩寺的轮廓。由安磐题文的这一古牌坊是灵岩寺的山门，也是古灵岩寺现今唯一较为完整的遗存。

此外，《峨眉伽蓝记》有载：“嘉靖初年，嘉州七贤唱和于寺。”七贤怀拳拳报国之心，忧国忧民，吟诗作赋，以表仁人志士的文胆风骨。他们分别是张凤翀、章寓之、王宣、徐文华、安磐、程启充、彭汝实等七位进士。七人中除张凤翀是夹江县人，其他六人都是嘉定州人，故合称“嘉州七贤”。而安磐、徐文华、程启充和彭汝实敢于秉笔直言，刚正不阿，以气节闻于当世，《明史》称为“嘉定四谏”。“嘉州七贤”常聚于灵岩寺，张凤翀留有《游灵岩寺》一诗，云：“翠屏天敞玉龙盘，十里松阴六月寒。是画不知还是梦，卷帘时得醉中看。”[5]

上述史料表明，宋代至明代，中国西部的峨眉山有一座规模宏大的佛教寺院灵岩寺，它对峨眉山成为中国佛教四大名山之一产生了巨大的影响。

二、明帝王与灵岩寺

明朝帝王一脉，自太祖朱元璋始尊崇佛法，以至于佛教在中国的发展达到顶峰。因为明帝王的弘佛，峨眉的佛教寺庙在顶峰时有三百多座。在明朝帝王对峨眉山众多的敕封中，灵岩寺获得一份殊遇，那就是明英宗敕封灵岩寺。《明实录·英宗睿皇帝实录》载，天顺四年（1460），明英宗朱祁镇给峨眉山灵岩寺颁发了一道敕书，原文如下：

皇帝圣旨

朕体天地保民之心，恭承皇曾祖考之志，刊印大藏经典，颁赐天下，用广流传。

兹以一藏，安置大峨眉山灵岩禅寺，永充供养，听所在僧众看诵赞扬，上为国家祝禧，下与僧民祈福，务须敬奉守护。故谕！

明天顺四年五月初四日[6]

这道圣旨收录于清康熙时期蒋超编写的《峨眉山志》中。圣旨表明英宗皇帝向峨眉山灵岩寺赐《大藏经》一部，其意义非同凡响，灵岩寺声望大振。

细究明英宗敕书峨眉山灵岩寺之因，当从大明皇帝与峨眉山的渊源说起。

《明实录·太祖高皇帝实录》记载，明太祖朱元璋于洪武二年（1369）遣“断岩禅师”宝昙入峨眉山金顶，重建光相寺。洪武十五年（1382），明太祖朱元璋再次敕赐宝昙前往峨眉山金顶重建锡瓦殿，并铸普贤金像。宝昙借督造锡瓦殿之际，在普兴大悲庙铸锡瓦，在原十二圆觉的基础上塑普贤菩萨像一尊，供于大殿中，并改寺名为普贤寺。

宝昙与明太祖朱元璋虽是故交，却无意远赴京城，执意留在峨眉普贤寺事佛。精诚所至，令朱元璋动容，特题诗二首赠宝昙，载于嘉庆版《峨眉县志》等典籍中。

其一：

断岩知是再来身，今日还修未了因。
借问山中何所有，清风明月最相亲。

其二：

山中静阅岁华深，举世何人识此心。
不独峨眉幻银色，从教大地变黄金。[7]

洪武二十五年（1392）六月，宝昙圆寂，葬于普贤寺右石窟内。明太祖朱元璋亲赐“谕祭宝昙和尚文”，赞誉宝昙“功迹峨眉，世人易见”。明蜀献王朱椿亦称赞宝昙曰：“奥惟西南大峨之巅，尔行其志，尔其往焉。效勤劳于十载，依大士之普贤。”

与宝昙和尚比肩的广济禅师与明太祖朱元璋交往笃厚。嘉庆十八年版《峨眉县志》载：“广济禅师，释，龙兴寺僧也。太祖微时与之厚，及即位，避居峨眉山牛心寺，累诏不出。卒，塔存今寺。”明蜀献王为之动情，特题《赠广济禅师》：

高僧飞锡去人间，弘愿何年不出山。
有地尽成银色界，无心常似白云闲。

可见早在明初，明帝王已结缘峨眉山。明英宗朱祁镇“恭承皇曾祖考之志”，怀敬仰峨眉山普贤菩萨之心，续朱家与峨眉山之缘，遂赠《大藏经》于灵岩寺并敕书。

三、灵岩寺的损毁

我们能够考证灵岩寺的创建、兴盛及帝王对灵岩寺的敕封等，由此还原一个梵宇重辉的灵岩寺。但是，这样一座西蜀第一大刹缘何毁灭？史籍语焉不详，这里只能提供一些史料，且为一面之辨。

《峨眉伽蓝记》对于灵岩寺的毁灭有这样一段记载：“甲申之役，献贼设伪官胡銮知县事峨边，平夷三堡，士兵帅归化、十里及峨山附近居民抗之，与伪总兵欧阳柄战，败北窜走。乙酉四月，士兵再出，与贼战于老宝楼。丙戌春，献贼大发兵来，士兵又窜退归化。寺在道旁，兵火蹂躏，殿宇无存。”

《滟滪囊》载：“十月，屠峨眉。”说的是这年的十月，张献忠部将在撤离峨眉时屠城，峨眉的灵岩寺、伏虎寺、大峨楼、西坡寺、中峰寺以及乐山的凌云寺同毁于兵火。这场浩劫中，涉事人员有张献忠的干将马元利、艾能奇，以及大西政权嘉州知府任元祐、峨眉知县胡銮等。

今峨眉高桥镇严寺村的道路右侧有一块坝子，占地数百亩，当地人称“张献忠练兵场”，说的是张献忠部在灵岩寺驻扎练兵的故事。

分析上述史料，可以推测有屠城、屠佛惯例的张献忠部将在峨眉山灵岩寺附近的一场恶战中焚毁了灵岩寺。

四、灵岩叠翠景观

灵岩寺虽不复存在，“灵岩叠翠”却景色如故，去灵为岩，看翠观叠，有“仿翠风青情不尽”之感。

睹佛台：上狮子坪，东瞰二峨山，向西仰望峨眉山诸峰，北望峨眉城区。灵岩寺居峨眉金顶三峰的后山麓，风光引人入胜。

茶马古道遗迹：在灵岩寺旧址，有一段曲折的古道，坎坷不平，蜿蜒曲折，好似羊肠路，全部用石块铺成，每块石头重百斤至数吨。古老的石路上石窝密布，像碗，像盆，像坑，非天然之物，而是人足、马蹄等踏磨而成，非千年之功不能达其效。可以想象，古代峨眉山就是茶马古道的必经之地，古人用马驮，用肩担，用背负，运送茶叶、盐、铁器、瓷器、丝绸等走出四川，走向东南亚……

灵岩寺藏宝：灵岩寺规模宏大，僧人众多，香火鼎盛，香客如流，历代皇帝多次敕赐，有大量宝藏之说，古今未绝，或言藏于十八罗汉的山中，或言藏于寺庙的地下室，遂成千古之谜。

注释：

①刘君泽：《峨眉伽蓝记·灵岩寺》，1947 年。

②《峨眉县志》卷之二《寺观》，嘉庆十八年版。按："周烈王三十二年"有误，疑为"周威烈王二十三年"。

③④《峨眉山志·千年史程》，四川科学技术出版社，1997 年。

⑤《峨眉县志》卷之九《艺文》，嘉庆十八年版。

⑥蒋超：《峨眉山志》卷之七《典籍》，康熙二十六年版。

⑦《峨眉县志》，四川人民出版社，1991 年。

李家俊：峨眉山市民建原主委，峨眉学研究员。

峨眉白蜡的历史及传承保护

王雪林

摘　要：峨眉白蜡是四川省非物质文化遗产。作为峨眉特产，峨眉白蜡成为中国白蜡质量标准，其久远的历史、独一无二的生产技艺急需传承，用途急需深度研发，而产量的急剧下降和市场的萎缩造成这一传统产业的衰落，亟待保护和扶持。

主题词：峨眉山白蜡　传承　保护

其一

化机从古妙难言，动物还由植物生。
破壳纷纷千万点，如蚕食叶不闻声。

其二

疑是雕成白玉脂，画堂银烛影参差。
光明大放人争看，谁识经营炼液时。

——清·王培荀

峨眉山虫白蜡（简称峨眉白蜡）是由白蜡虫雄幼虫寄生在白蜡树枝条上，吸食树液生长发育过程中分泌的白色蜡丝经加工提炼而成的纯天然生物蜡，属世界珍稀特产，是中国先民的光明圣物和医药瑰宝、中国著名的传统出口商品。利用其制成的峨眉米心蜡畅销国际市场，久负盛名，享有“蜡中之王”的美誉。

一、峨眉白蜡的起源和发展

公元 620 年前后，药王孙思邈在峨眉山采药炼丹时发现了白蜡虫寄生在白蜡树上分泌的雪白蜡花，摘下后经试用，有止血生肌、消炎化脓的功效，对治疗刀伤、烫伤等有奇效。于是药王便同峨眉人一道将野外生长的白蜡虫逐步改变为人工繁殖，开始了峨眉最早的白蜡生产。之后先民将白蜡浇制成蜡烛，作为朝廷贡品，“日暮汉宫传蜡烛，轻烟散入王侯家”。到宋代用白蜡做模型铸造了普贤骑象铜像，万盏明灯供普贤，信众礼拜。蜡随僧众、香客传遍神州，出口东南亚，成为人们心目中的光明圣物。

随着白蜡用途的不断扩大，靠峨眉本县所产蜡虫已远远不能满足生产需要。明代中期，峨眉先民先走四川三台（俗称北路）购买蜡虫（俗称采虫）补缺；次跑云南昭通和贵州威宁（俗称南路）得到优质蜡虫，获白蜡丰收，仍供不应求；再跑凉山州十几个县（俗称西路），大尝甜头。到清代，每年初春，成百上千的峨眉蜡农不远千里，历尽千辛到上述虫区采购种虫，挑回峨眉，用祖传的独特的精湛技艺，使平坝变成“蜡海”，丘陵变成“蜡山”。清末民初是峨眉白蜡生产的鼎盛时期，“光耀千年枝枝玉，风摇万亩树树琼”，全县常年产白蜡 200 吨左右，最高年产白蜡 320 吨，值银 30 余万两。峨眉米心白蜡远销亚欧和拉丁美洲，成为珍品。

到 20 世纪三四十年代，由于战乱和煤油盛行，白蜡生产和销售大幅度下降，到 1949 年全县仅产白蜡 33.65 吨。新中国成立后，党和政府十分重视白蜡生产。1952 年 8 月，峨眉县供销社联合社成立，设政企合一采购处，负责全县农副土特产品采购。1954 年上半年由县联社采购处向蜡农签订白蜡购销合同，下半年全县农村成立初级社，川主乡赵河村 14 社社长兼生产队长周邦珍挂云南小河虫，单产白蜡 8 斤。该社共产白蜡 2000 多千克，全部卖给国家。周邦珍被四川省人民政府评为全省劳动模范，授予“四川省农业生产互助合作爱国销售模范”金质奖章和 1 台玉米脱粒机。1955 年 4 月，县联社采购处派余吉昌、曾亦宏和刘吉明牵头，各社队派人组成几十人的采虫工作组赴虫区统一购种、统一分配、分社队挂放。1957 年，全县共产白蜡 112.5 吨，比 1949 年增产 2.4 倍。

1968年春，蜡区与虫区铁路不通，公路阻断。为确保当年白蜡生产，经国务院副总理李先念同意特批航空油，由军委调3架降雨飞机负责从昭通机场将50多吨蜡虫空运到成都双流机场。5月中旬，3架飞机历时8天，共计飞行48趟，完成了蜡虫的运输任务。当年全县共产白蜡101吨，比上年增长1.4倍。20世纪70年代县“白蜡办公室”改为县“多种经营办公室”。1994—1996年，峨眉山市政府在全市开展“旅游三高农业基地建设”，推行“白蜡技术承包责任制”。1994—1997年，全市平均年产白蜡124吨，比前4年平均增长了60%。

2005年，峨眉山市产白蜡202吨，产值1400多万元。其中，产值500万元以上的乡镇为川主和绥山；产值300万元以上的村为赵河和麻柳；纯收入超万元的农户有300多户，赵河、麻柳、梁坎、梧桐、炳灵和天泉等村率先进入小康。

二、白蜡的主要用途

白蜡具有熔点高、光泽好、理化性质稳定、隔湿防潮、防腐、防锈、绝缘、润滑等特点，用途十分广泛。

（一）工业

国防器材、军工兵器、弹药用白蜡防潮、防锈、防酸碱腐蚀；并可用于火箭、卫星的纳米钢铁防蚀剂和通信器材的绝缘、防锈等。因白蜡还具有质轻、光洁、膨胀系数小、灰粉低、流动性好、强度大、不变形、不产生气泡、成型精度高等特点，是飞机发动机、机械、精密仪器和金属制品等的最佳制模材料。

电子、电器、电线用白蜡绝缘和防锈，纺织印染品、名贵家具、金银首饰及工艺品用白蜡润饰和抛光，除可用于生产汽车上光蜡、地板蜡、鞋油等，白蜡还是高级化妆品的原辅材料。

（二）食品

高级食品、糖果用白蜡做糖衣，可防止受潮变质；白蜡还可用于糕点制模等。近年，由于天然白蜡具有良好的可塑性，能够逼真地反映标本的原始形态，多用其制作瓜果蔬菜模型，用于科研、教学、展示等。

（三）医药

白蜡为中药材，具有独特的药效，无毒副作用，成为历代医药名家的医疗瑰宝。明代李时珍所撰《本草纲目》记载：虫白蜡甘、温、无毒，主治“生肌止血，定痛补虚，续筋接骨”。“头上秃疮，蜡烛频涂，勿令日晒，久则自然生发”。将之列入“外科要药”。清代黄宫绣所编的《本草求真》和《图注本草纲目求真》将之列入“外科圣药”。白蜡作为药材还被载入许多医药典籍，在中医界和民间广为流传。

我国传统医学上常用白蜡制作伤口愈合剂、止血剂，医治跌打损伤、烧伤、烫伤等。西药片常用白蜡赋形、润滑和抛光。

21 世纪初，中国林业科学研究院（简称林科院）资源昆虫所（简称昆虫所）科研部门从峨眉白蜡中提取了第一代产品——二十八烷醇，可用于治疗骨质疏松、高胆固醇及皮肤病等，也可用作新型降脂健康食品和保健饮料的添加剂。添加二十八烷醇的药品和保健饮料已进入试生产阶段。

近年，中国林科院昆虫所特色生物资源化学与工程课题组又从峨眉白蜡中提取了第二代产品——高级烷醇，可望研制成虫白蜡基生发剂、虫白蜡基润肤乳、虫白蜡基创伤膏、高级烷醇口服液等。随着白蜡用途的扩大，白蜡的附加值也将大大提高。

三、峨眉白蜡的历史地位

峨眉是中国白蜡之乡。白蜡是世界上 60 余种动物蜡、植物蜡、矿物蜡和合成蜡中的佼佼者。因仅产于中国，国际上称为“中国蜡”。峨眉山市从唐初开始生产和使用白蜡，至今已有近 1400 年的历史。清末民初，峨眉县盛年产白蜡 320 吨，占全国总产量 5000 吨的 6.4%。新中国成立前夕，仅有 13 万人口的峨眉县就有 5 万多人从事白蜡业。据 1978 年普查资料，峨眉县有川主、符汶、大庙、天景、青龙、高桥、沙溪、九里、塘房、双福、普兴、悦连、柳溪等 13 个公社 227 个生产队生产白蜡，燕岗、九里、沙溪、峨山、青龙、高桥、柳溪、龙池、龙门、大为、金合、玉龙、天景、净水等14个公社324个生产队育虫。全县有白蜡生产技术人员1000多人，有虫、蜡树约200万株。每年的白蜡产量和质量都是全国第一。进入21世纪，峨眉山市每年生产的白蜡约占全国总产量的60%以上。

峨眉是中国白蜡集散地。峨眉的蜡市蜚声中外，据峨眉商会1934年的统计，全县从事白蜡的商家大小共计120家。白蜡交易市场设在绥山镇现在的新市场街，总长约100米，店铺数十家。街道北侧靠近状元街口有一间店铺为县工商会，备有吊秤、座椅、算盘和砍刀等，有专人为购销白蜡过秤、制票和收税等。

蜡市交易每年有两次热闹的集市：第一次是白蜡新产上市，处暑前后至秋分的夜市（白天忙于摘蜡花和加工白蜡）；第二次是蜡农进虫山前，惊蛰前后至春分的白天和夜晚。届时成千上万斤白蜡在街道两边一字摆开，一盘一盘地往上叠，有一人多高。来自上海、广州、武汉、重庆、成都以及乐山、宜宾的蜡商，加上本县和夹江、青神、洪雅等外县的蜡农、蜡商、蜡贩及经纪人成百上千，当夜幕降临，檐灯齐亮，购销双方交易时再点上火把或手提灯，或打开手电筒，真是“灯火通明不夜天，人声鼎沸交易忙”。每年峨眉蜡市交易量约占全国总交易量的十分之一。外地蜡商购蜡后由马驮或车拉，或雇人挑运，经成都上茶马古道，到东南亚各国；或经峨眉河用竹筏将蜡运至嘉定（今乐山），上船到宜宾，再走茶马古道经昭通、昆明到东南亚各国；或继续乘船沿长江顺流而下直至重庆、武汉、广州；或直接到上海，出口国际市场。

新中国成立以后的1950—1980年，白蜡属于三类产品，实行二类管理：国家定价，统购统销，计划调拨，确保国家建设和外贸出口需要。峨眉成为国蜡生产和供应基地。进入21世纪，峨眉除销售完本市自产白蜡外，还将巴中、宜宾、湖南芷江以及其他地方零星的白蜡和虫区的所有白蜡收集起来，统一加工后销往全国各地。

峨眉山白蜡是中国白蜡质量标准。峨眉人在长期的白蜡生产和加工中，不断发明、创新成套的精湛技艺，使峨眉白蜡成为蜡中极品：纯净天然，洁白如玉，坚硬润滑，熔点高（81℃～85℃）。无论是蜡农初加工的头蜡和二蜡，还是商家精加工的米心蜡和马牙蜡（古称官庄蜡），都是我国国家药典标准和国家林业局标准的依据。

峨眉是中国白蜡科研中心。20 世纪 70 至 80 年代，国家商业部拨款，四川省供销社牵头，四川省土产公司负责，由四川大学生物系夏穆俊、吴次彬、姜德全、钟远辉，乐山土产站童克猷和峨眉县土产公司王雪林组成“四川省白蜡虫科研协作组峨眉研究点”，并于 1987 年 4 月经县科委批准成立“峨眉县白蜡研究所”，专门进行白蜡虫科学研究。

峨眉白蜡是四川省非物质文化遗产。全国独一无二的峨眉白蜡生产加工技艺于 2009 年 7 月被四川省人民政府批准为第二批非物质文化遗产。王雪林和黄凤祯被批准为四川省非物质文化遗产峨眉白蜡项目代表性传承人。白蜡生产加工过程中还创造了厚重灿烂的白蜡文化：蜡乡广为流传的形象生动、言简意赅的白蜡生产和加工专业术语，一百多道工序，每道工序都是历史文化的积淀。关于白蜡的神话传说，数百句采虫古路的顺口溜，既有天文地理、历史典故，也包含美食、地名、民俗民风、风土人情、伦理道德等；历代文人墨客以白蜡为题材所创作的诗词歌赋已成为中华优秀文化的重要内容。

峨眉人在全国白蜡行业中第一个在国家工商总局注册了“峨眉山牌”虫白蜡商标（1989 年），第一个在互联网上设立“峨眉白蜡”专页（1997 年），第一个采用网上交易、物流送达的现代营销手段。

峨眉白蜡还促进了少数民族地区经济的发展。由于传统习惯，西南地区有虫区和蜡区分开单独生产的情况。为扩大白蜡生产，早在明代中期，先辈蜡农就开始先走北路，再走南路和西路。由于南路和西路偏僻荒凉，交通不便，虫区人民生活十分艰苦。蜡农每年进虫山时便将数十挑甚至数百挑日用百货、生活用品、生产工具及农作物种子等挑到虫区，卖给彝、藏、苗、回、羌族等少数民族，从而改变了虫区的落后面貌，改善了人民生活。峨眉人吃住在虫农家，以身示范，传授文明卫生知识，手把手地教他们种粮种菜、饲养牲畜、繁育蜡虫，被当地虫农尊称为“虫儿客”。为以后买虫方便，峨眉人请主人家吃顿便饭或赠送小礼物给他们的儿女，就算完成了认干儿子或干女儿的仪式，双方结成干亲家，下一辈人接着认亲。峨眉蜡农在虫区有干儿子或干女儿的，少则三五个，多则十几个。以虫为媒，虫区女子嫁给“虫儿客”或到蜡区寻找适龄男子结为夫妻，此种习俗一直延续到现在。

古往今来，每年初春，峨眉蜡农成群结队，披荆斩棘，攀悬崖，走峭壁，爬藤梯，随时提防虎豹饿狼伤人，土匪抢劫，顶风冒雪，忍饥挨饿，往返虫山，前赴后继，一代又一代，用青春和血汗甚至宝贵的生命铺成两千多公里长的采虫古路。这是堪与丝绸之路和茶马古道媲美的商贸之路，虽然只有五百多年的历史，但其艰辛却不亚于前面两条路。因为采虫古路运输的是有生命的白蜡虫卵（1 个 1 立方厘米虫体内有雌雄虫卵 10000 个左右），既怕日晒雨淋，又怕碰撞挤压，还要通风透气，而且必须抢在虫卵孵化前运回峨眉才有生产利用价值。所以不能用骡运马驮，只能靠人双肩挑、双脚跑。蜡农渴饮路边水，饥食荞麦粑，或将沿路饭摊上的饭菜买来倒入身上的围腰帕内，边吃边跑；起五更睡半夜，住店先晾虫，还要值班防盗。跑一趟虫山，瘦上几斤是家常便饭。采虫古路是艰苦创业之路，民族团结之路，同发展共富裕之路。

峨眉白蜡保护了抗战时迁藏峨眉的故宫文物。抗战时期故宫文物迁藏峨眉，部分珍贵文物用白蜡进行密封、隔湿、防潮、防霉、防锈、抛光、润滑等，并为典守者提供照明。

峨眉白蜡科研取得了累累硕果：1979 年获四川省供销社“科学试验”一等奖，1984 年获四川省人民政府“四川省重大科学技术成果奖”三等奖及国家商业部“重大科学技术研究”三等奖，1988 年获四川省人民政府“1987 年度四川省重大科学技术进步”三等奖，2003 年获乐山市人民政府“2003 年度乐山市科学技术进步奖”三等奖，2005 年获乐山市人民政府“乐山市 2003—2004 年度金桥工程优秀项目奖”二等奖。

1994—2000 年，中国林科院昆虫所与日本国际协力代表共同在峨眉山市川主乡东岳村设点开展白蜡生产科学研究，并在北京建厂研发白蜡新产品。其间昆虫所陈晓鸣副所长和日本农学博士梅谷献二、教授河合省三等多位专家三次到峨眉山市东岳村考察白蜡生产加工。

2017—2018 年，中国林科院“白蜡吉丁虫调查”在峨眉山市麻柳村进行。

峨眉白蜡先后被中央电视台拍摄成《虫白蜡》《赚钱虫虫树上挂》《奇

妙的白蜡虫》《白蜡传奇》《怎样养白蜡虫》等系列电视片播出。

结　语

峨眉白蜡历史悠久，造福一方百姓，有着广泛的用途和广阔的市场前景。计划经济时期，白蜡长期供不应求，其用于医药的新用途的研究开发远远不够。随着科技的发展，白蜡在轻化工业的用途被大量取代，虽与人体健康密切相关的部分制药厂和食品厂仍在使用白蜡，但每年用量仅为数十吨。育虫区、产蜡区大量青壮劳力外出务工，农户拆迁，土地荒芜，导致白蜡种虫连续多年严重短缺。峨眉山市近五年平均年产白蜡仅 30 吨（产值约 840 万元）。2019 年更是因缺少种虫，全市白蜡产量仅十余吨，已降到历史最低点，珍稀特产变成了濒危特产。加之峨眉白蜡经营单位、专业合作社和个体户全部没有办理生产合格证和经营许可证，造成白蜡销售异常困难。保护和扶持白蜡（虫）生产这一传统产业已成当务之急。

王雪林：四川省非物质文化遗产峨眉白蜡传承人。

名人堂

仲子陵——从峨眉山走出的中唐名儒

赵敬忠

摘　要：仲子陵作为中唐前期的巴蜀文人，在儒学及文学方面都有突出成就。其赋作受经学影响，典雅而平实，开启中晚唐律赋散体化的先声。

《新唐书·列传·儒学下》称："大历时，助、匡、质以《春秋》，施士丐以《诗》，仲子陵、袁彝、韦彤、韦茝以《礼》，蔡广成以《易》，强蒙以《论语》，皆自名其学，而士丐、子陵最卓异。"仲子陵因在礼学上的成就被誉为"元士"。仲子陵精修二戴礼，其对后来学界所谓"蜀学"的兴盛功不可没。

关键词：峨眉山　仲子陵　中唐名儒

仲子陵，公元743年出生于嘉州峨眉县（今峨眉山市绥山镇斗量村）。《仲子世家世系》记载仲子陵为孔子弟子仲子路第四十二代孙，其父仲孝俊。子陵为次子，性刚直方正，敢言，时人谓之"小子路"。

仲子陵幼年读书于峨眉山神水阁，勤学励志，学识精进。大历十三年（778）举进士甲科。得朝廷举贤良，从大历十三年至德宗贞元六年（778—790），历调补秘书省校书郎、常侍郎等职。其间作《通难》一书，受到朝廷重视。

建中二年（780）参与朝廷议"禘祫"（古代国家重大祭典）。贞元六年至八年（790—792）任同官县尉，其间再次参与朝廷议"禘祫"。

贞元九年（793），完成专著《五服图》十卷，敬献朝廷，并刊行于世。

贞元九年至贞元十年（793—794），任礼泉县县尉。

贞元十年（794）朝廷举贤良方正，子陵擢任太常博士。掌引导乘舆，撰定五礼（吉礼、嘉礼、宾礼、军礼、凶礼）仪注，监视仪物，议定王公大臣谥法等事。凡朝廷议制太庙祭祀大礼，子陵议论符合礼法，众儒皆叹服，由此与当朝袁彝、韦彤等人齐名，被尊为中唐名儒。

贞元十二年至贞元十四年（796—798）调任主客员外郎。当年末，受命充任黔中选补使。主持贵州贡举，考选人才。赴任途中，乘官车转道路经峨眉，家乡人以之为荣。

贞元十四年至贞元十七年（798—801），任博士、祠部郎。

贞元十七年至贞元十八年（801—802），任司门员外郎。

贞元十八年（802）病逝于靖恭里第，享年五十九岁。仲子陵去世后，与其同朝的礼部尚书、著名文学家权德舆为其撰写《尚书司门员外郎仲君墓志铭（并序）》。铭文收入《全唐书》并流传至今。

仲子陵作为中唐前期的巴蜀文人，在儒学及文学方面都有突出成就，其赋作由于受经学影响，典雅而平实，与中唐其他赋家所作赋的丰赡华美相异，开启中晚唐律赋散体化的先声。

在礼学上，他以一个地方官身份入朝与“京官”同议“禘祫”大礼。其礼学成就为世人所称赞。仲子陵精修二戴（戴德、戴圣）礼，对后来学界所谓“蜀学”的兴盛功不可没。

仲子陵在礼学上的主要成就在中唐时期所谓“禘祫”之仪中得到了充分展现。《新唐书·礼乐志三》载：“禘、祫，大祭也，祫以昭穆合食于太祖，而禘以审禘其尊卑。此祫、禘之义，而为礼者失之。至于年数不同，祖、宗失位，而议者莫知所从。”建中、贞元年间，“禘祫”被提上议事日程，遂有诏定百官普议之事。仲子陵就是在此时奉诏入京议“禘祫”。虽然唐初有孔颖达、贾公彦等经学名儒，还有魏徵、房玄龄等礼学名家，但直至大历之前，深谙礼学的鸿儒名士依然较少，对“禘祫”的认识和论争缺乏真知灼见。大历年间，《春秋》《诗》《礼》《易》《论语》等皆有名家，《新唐书·列传·儒学下》称：“大历时，助、匡、质以《春秋》，施士丐以《诗》，仲子陵、袁彝、韦彤、韦茝以《礼》，蔡广成以《易》，强蒙以《论语》，皆自名其学，而士丐、子陵最卓异。”在经学氛围浓厚的唐代，迁献、懿二祖之位是涉及礼仪礼教的国家大事，所以“诏百官普议”，当朝高官礼仪使、太子少师颜真卿，太常卿裴郁，太子左庶子李嵘，工部郎中张荐，司勋员外郎裴枢，考功员外郎陈京，同官尉仲子陵，吏部郎中柳冕等十二人，国子四门博士韩愈，左司郎中陆淳，尚书左仆射姚南仲，鸿胪卿王权及申衍之等都参与了争议。在《新唐书》所列参与争议的人中，除仲子陵为地方官外，其余均是“京官”。这不能不令人刮目相看。这也证明仲子陵其时已是儒学大家，受到尊重。

这以后，仲子陵以其杰出的礼学才能而被勒留京都，寄禄于州县，成为勒留官，享有京畿之邦要员的特权。《钦定全唐文》所载权德舆《尚书司门员外郎仲君墓志铭（并序）》对仲子陵的评价是：“复命逾年，稍进郎位，循性诣理，恬于声荣，隤然放怀，以冯唐、颜驷自况，修词甚博，推本六经，赋诗类事，往往有卓异不羁之韵。邃于礼服，上下古今仪制，著《五服图》十卷，自为一家之言。起庸蜀诸生，以文义自达，至礼官元士，三登于朝，讲义洽闻，不疚不跆……”仲子陵以其礼学上的成就而被誉为“元士”，即现在所说的“元勋”，也就是礼学第一人。换言之，即礼学方面的“鸿学巨儒”。这是唐代至高的荣誉。

仲子陵还是当时少有的文学家。他不仅写诗，还擅长赋的创作。在中唐赋家中，其创作数量可观，对中唐律赋创作亦具有重要影响。他的赋作语言平易，开启晚唐律赋散体化的先声，而且律赋创作题材在前代的基础上有所突破和创新。《全唐诗》卷二百八十一中收录了他的《秦镜》诗一首：“万古秦时镜，从来抱至精。依台月自吐，在匣水常清。烂烂金光发，澄澄物象生。云天皆洞鉴，表里尽虚明。但见人窥胆，全胜响应声。妍媸定可识，何处更逃情。”激励人们要一尘不染、表里一致、肝胆相照。这种重视心理健康的美德尤为世人称道。这是一首明志励人的佳作，流传至今。

其赋的创作影响更大。《钦定全唐文》卷五百一十五中就收录了他的《断织赋》《清簟赋》《辘轳赋》《珊瑚树赋》《洞庭献新橘赋》《幽兰赋》《五色琴弦赋》《五丝续宝命赋》八赋和《献懿二祖迁禘于德明兴圣庙议》一文。这足以说明他在赋作上的成就。

仲子陵年老后不愿久居京城，辞官回乡。他荣归故里的消息惊动了峨眉百姓，都以为这位皇帝身边的要员一定是高车驷马，携带着数不尽的金银财宝、绫罗绸缎。可仲子陵回峨眉时，轻装简从，除日用之物和满车书籍外，只带回几盆兰草，这些兰草还是他当年从峨眉山上采撷的。

仲子陵出身寒微，家境贫寒。十八岁那年，他独自来到峨眉山神水阁，刻苦攻读。那时他就爱上了兰草。后来下山时，他随身带回几盆兰草。被选为贤良后，又随身将几盆兰草带进京都。他平生爱兰，喜爱幽兰高洁的品格，写出了著名的《幽兰赋》。赋中写道："兰为国香，生彼幽荒，贞正内积，芳华外扬。"到京城当了那么多年的官，如今荣归故里，除日常用物外，还是当年那几盆兰草，他的人品操行不言自明。这也是成语"身无长物"的另外一种注释。

仲子陵为人耿直，为官清廉。他一生好学，不治家财，辞官归隐时，拒绝皇帝封赏，回家后同家人一道躬耕自食，清贫简朴。与世长辞之日，唯书籍满室，幽兰几盆，白酒数斛而已。

赵敬忠：峨眉山市文联顾问，峨眉学研究会常务副会长兼秘书长。

南怀瑾峨眉山闭关

周　聪

摘　要：1943—1946 年，南怀瑾来峨眉山闭关三年，苦读《大藏经》，后到西康、西藏，参访密宗各宗派。这为他日后成长为一代国学大师积累了丰厚的学养。

关键词：南怀瑾　峨眉山　闭关

峨眉山顶一轮明，照到人间未了情。
回首嘉陵江畔路，心随帆度蜀山青。

这是南怀瑾先生《读客示嘉陵山水图》诗，从中可以感受到他情系峨眉山。直至晚年，仍可看到他吟峨眉之句，如“长忆峨眉金顶路，万山冰雪月临扉”“深宵细雨几声钟，梦绕峨眉绝顶峰”“峨眉雪月西湖柳，无限情怀愁煞人”等。足见这一段闭关生活对南怀瑾先生来讲所获甚丰，意义非凡。

南怀瑾（1918—2012），浙江温州人，精研儒、释、道，将中国文化各种思想融会贯通，“经论三大教、出入百家言”，是中国一代国学大师。除此之外，其对医学、卜算、天文、拳术、剑道、诗词等皆有专精，可谓“仙风道骨，学腹经纶”，博学多才。他一生致力于弘扬中国传统文化，著述丰富，有《论语别裁》《孟子旁通》《原本大学微言》《老子他说》等三十多种。

一

要了解南怀瑾先生在峨眉山的闭关之事，就必须从其只身入川谈起。

南怀瑾少年时期遍读诸子百家，研习文学书法、诗词曲赋等各种学问，并深得精要。他从小喜欢各种武术和道功，习练十八般武艺，曾拜师八十余人；十七岁得过武术比赛第一名；嗜读仙侠小说并受其影响而对蜀山剑侠心向往之。1937 年 5 月，二十岁的南怀瑾只身入川，主要目的就是寻觅剑仙，学习剑术。

灵岩寺为峨眉山一家著名的禅寺，当时知名学者冯友兰、钱穆、郭本道、李源澄、王恩洋、傅真吾等人均曾在此闭关静修。大居士袁焕仙老先生也在禅寺闭关。南怀瑾先生与袁焕仙老先生相遇、相识，结下了旷世佛缘。

袁焕仙（1887—1966），四川省盐亭县人，乃名重一时的禅宗大德，行迹遍天下，求法忘躯，大彻大悟，潜心内籍，栖志心宗，亦睹明心以悟道，见拈花而破颜者矣。在成都设立“维摩精舍”，聚众讲学修禅，度化一方，四众共仰。老先生悲大道之沉沦，众生之颠沛，乃以如来家业、孔老薪传，立己立人而及国家天下，与虚云大法师并世弘法，法镜高悬，宗风耀烁，一时影从之名流学者不惜千里跋涉，南先生即其得意门生。

1942 年暑假，南怀瑾上灵岩山，结识了袁焕仙老先生，晤谈之下，深有了悟，遂为忘年之交。袁焕仙先生闭关期满，下山到成都成立“维摩精舍”，南怀瑾追随其左右，遂拜门墙，成为“维摩精舍”开山首座弟子，潜心修道参禅，多有会心之处。南先生曾回忆说：“这是一段奇缘啊！倘非国变，何缘入川？倘不入川，这一段提不起放不下的公案，从何处了？仔细思量真是令人汗泪交倾不止。”同年，袁焕仙先生在灵岩寺主持了一次“禅七”，一时成为蜀中禅门盛事。在灵岩寺“禅七”中，袁焕仙先生反复提斯，终使南怀瑾得个入处。南怀瑾先生在《习禅录影》中说：“记得我在灵岩山下来后，师友皆说我明白了此事。我自己也觉得对了。果然在此后，什么都懂了。这一点是根本智、无师智。凡是什么新旧学问，疑难杂症，不懂的，到了心中，只要一念回光，什么都众流归元，就都懂了。如石头投到大海中，连个波纹都不见，提起即用，放下便休。”这说明南先生已深得袁老先生真传，破本参，已开悟。他随袁老先生赴重庆参访虚云大法师，亲聆敦诲。随老先生到潼南玉溪口过冬，更得老先生亲炙，心得更是非同一般。其后，南怀瑾先生为深入研究佛法，悄悄离开成都，赴峨眉山大坪闭关修持，并题《入峨眉闭关出成都作》一诗：

大地山河尘点沙，寂寥古道一鸣车。
薰风轻拂蓉城柳，晓梦惊回锦里花。
了了了时无可了，行行行到法王家。
云霞遮断来时路，水远山高归暮鸦。

二

1943 年夏，南怀瑾先生前往峨眉山闭关。他为什么会选择峨眉山大坪寺为闭关处？恐怕有两个重要因素：一是印华法师的提议，二是大坪寺藏有全山唯一的《大藏经》。

印华法师的提议以及普钦大法师（大坪寺嫡系出家的弟子）的首肯，是南怀瑾先生选定大坪寺闭关的前提。

大坪寺，清顺治八年（1651）由明末避世的高僧松月法师主持修建，名“净土禅院”。《峨眉伽蓝记》载：“结茅平顶，依傍古松，食樟果，玩皓月，了有漏悟无生。”地处悬崖陡峭的孤峰之上，只有“猴子坡”“蛇倒退”这样崎岖的山路可通。所谓“猴子坡”，路在山脊陡甚，左濒断崖，人行其间，匍状如猴，故得名。而“蛇倒退”更是坡陡似壁，高悬百丈的岩梯，罕见人迹，连蛇都望而却步。山上缺水，夏靠雨水、冬靠冰雪，故人迹罕至，是栖心、闭关、禅修的佳地。普钦法师、圣钦大和尚、贯一禅师，以及翰林院侍读学士曾国藩、大居士袁焕仙等，均曾静习此地。曾国藩拟作大坪联语：“石床润极琴丝静；玉座尘消砚水清。”

其实，南怀瑾先生到峨眉山闭关之事，当初没有几人知道，连其老师袁焕仙也不知道，只有印华法师知道。印华法师何许人也？她是温江人，是当时川西尼众之翘楚，也是一位富有学养的人。自少出家为尼，与圣士和尚为师兄弟——两人都是一位神秘游方僧的弟子。相传他们师兄弟二人都是参禅破参的人。圣士和尚是南怀瑾先生抗战前在杭州结识的至交好友。印华法师在太虚法师所办的汉藏教理院学习过，与讲唯识的法舫法师也是师兄弟。后来回到温江办佛学院，有学僧百人左右。有时也请南怀瑾先生在佛学院讲学授课，同时又向其请益。南怀瑾先生在峨眉山闭关时期，她是虔诚发心供养的外护之一。南怀瑾先生的《忆禅人印华法师》诗表达了对同道至交的深挚友情。诗曰：

印心促膝记当年，定起绳床月满天。
几点腊梅花欲蕊，经窗相对两无言。

大坪寺曾是“密宗”之地，三密相印，即身成佛。康熙皇帝曾题赐“净土禅院”横额。原有四殿，以罗汉堂最大，供五百罗汉，均为木雕。由于年久失修，于 1989 年后全部毁坏。密宗之“密”在于“一切诸佛以持真言而得成就”，也就是三密相印，即“口诵真言（语密），手结契印（身密），心作观想（意密），三密相印，即可成佛”。对密宗之事，不尽其详。而令其感兴趣的是寺藏经万卷，含三藏十二部等，且藏全山唯一的《大藏经》。《大藏经》是佛教典籍，又名《一切经》《契经》《藏经》或《三藏》，内容包括经、律、论三藏。现不知当时寺庙收藏的是何种版本，仅以乾隆版《大藏经》为例，全藏共计 5600 多万字，收录经、律、论等 1669 部、7168 卷。对此，有人说南怀瑾先生就是为了阅读《大藏经》才闭关出家的。因为寺庙规定，《大藏经》不是随便阅读的，必须要当和尚，穿僧衣，方可闭关阅读。所以，南怀瑾先生只好出家成为大坪的正式弟子，法号“通禅”，即“大坪五通”（释通禅、释通宽、释通远、释通超、释通永）之一。

三

南怀瑾先生闭关三年，其实在峨眉山只有两年，还有一年是在乐山五通桥。

闭关虽然是亲证实修，直接体验心性，旁人很难了解其详情，但是从南怀瑾先生的文献记载中，可了解一些闭关期间所发生的事，诸如发宏誓愿、闭关苦读《大藏经》、与傅常（真吾）先生谈论禅诗等。

（一）发宏誓愿

根据南怀瑾先生于2008年8月在太湖授课时的讲述，一天，南怀瑾先生要去山王庙施食，有了一个冲动，想要个证明。他说：

> 我要到峨眉来闭关，峨眉是普贤菩萨的道场，对不起！向菩萨请求，在这里闭三年关，也向山神、诸佛、龙天护法打个交道，如果我所得的、所证悟的这个佛法是真的，请给我一个证明！……我闭关出来，有一个愿望，不管我出家、在家，愿弘扬正法。同时，一手扶持儒家，一手扶持道家，弘扬人类文化。就是这个愿望。我生生世世都是这个愿望。①

后来，南怀瑾先生依其夙愿，为弘扬儒释道做着不懈的努力，通过对儒、释、道三家学问的演绎和归纳实践着自己在峨眉山上所发的宏愿，不愧为“经论三大教，出入百家言”。其实南先生曾吟“自题照影”诗，也证明了这一点。诗云：

> 不二门中有发僧，聪明绝顶是无能。
> 此身不上如来座，收拾河山亦要人。

（二）闭关苦读《大藏经》

南怀瑾先生素食戒欲，青灯万卷，日夜不懈。他在《现代学佛者修证对话》中说：“像我个人来讲，闭关的时候，一点也没有懈怠过，一天二十四小时，都兢兢业业用完。睡眠也是功课之一，也要管理自己，不能贪睡。”闭关读书，每天最少读二十卷经文，三年阅经五六千卷。以经为法，印证修持。其又在《圆觉经略说》中写道：“有时夜晚看经，一盏油灯，一灯如豆，孤灯独影，那才清净！那才享受！”日夜读经，老实读经，用心读经。

习定是闭关的主要内容之一，习定又是闻、思、修的精华。不受外界影响，静心实修。对此，南怀瑾先生在《定慧初修》中是这样记载的：

每当夜深人静的时候，在峨眉山顶上，冰天雪地中，夜里起来静坐，万籁俱寂，飞鸟亦无，清净境界，如身游太虚中，安心自在，就像神仙境界一般非常舒适。而且常听到虚空中天乐之音，非常美妙。因而想到庄子所谓“天籁之音”。[②]

夜深人静，冰天雪地，万籁俱寂，南怀瑾先生心里却没有一丝孤独寂寞感：“人生的最高修养是守得住寂寞，能欣赏得了凄凉。修道人面对凄凉的境界，会觉得很舒服。”其实，这就是习定。

另外，闭关的目的不外乎心静、悟道。南怀瑾《习禅录影》记载：

当年我上峨眉山闭关，我写封信给我的朋友，我说禁语，准备三年不说话。结果，我那个朋友回我一封信，那才妙呢！他说恭喜恭喜！希望你能做到“心声”都不响了。自己内心都不说话了。嘿！这就是禅宗的棒子，他写这一封信就打我一棒。这一棒敲醒了什么？一句“万法本闲，唯人自闹”。一切法本来清净，觉得不清净是我们自己在胡闹，自己有分别心，无分别心——万法本闲。[③]

闭关期间，袁焕仙老先生特地上山看望这位心爱的弟子，并在大坪寺为僧众们举行了一次“禅七”，南怀瑾先生在“禅七”中得到接引印证。之后他又去接引殿方丈圣钦大和尚处，以自己在“禅七”中所悟得的心法请教圣钦大和尚，得到圣钦大和尚的确认与开示。袁焕仙先生欣然题笔为大坪寺作了一副禅意隽永的对联：

此地即普贤道场，来天末雁，看岭外云，数遍色色尘尘，都是晴空一亘；

何处觅秀头和尚，饮赵州茶，读慈明榜，历画山山水水，依然秋月半轮。

（三）与傅常先生谈禅诗

1944年，南怀瑾先生的好友傅常得知其在大坪寺闭关，专程从重庆来探望。二人唱酬甚多，其中情谊，非一言可尽。

傅常（1887—1947），字真吾，潼南人。1908 年入四川陆军速成学堂，加入同盟会。护国军兴起时，他同蔡锷、熊克武等进军四川。1937 年抗日战争爆发，任第七战区长官部参谋长（司令长官刘湘）、四川财政厅厅长。后厌倦名场，潜心佛学，专志密宗与参禅。其与袁焕仙老先生为忘年交，以师友相称，共同创建“维摩精舍”。

南怀瑾《金粟轩纪年诗初集》载《秋日四律步傅真吾先生原韵》。这四首律诗为其在大坪闭关期间与傅常先生唱酬之作。从中可以看出当时南怀瑾先生闭关之境界。今选其一述之：

漏夜浸寒不畏霜，临流看月泛溪长。
迎人处处皆通路，卓杖山山是故乡。
陶令情囚三径菊，枯禅念系几茎香。
分明亘古闲田地，何事敲空问断常。

正值三秋，山寺霜早。坐禅之际，峨眉山月，倒影照溪。水中月似一切众生，亦如虚空。然，心行之处，无不通达，卓杖所到之处，无不是“故乡”。陶渊明放达，一切似不经心，却放不下那“三径菊”，情志为菊所“囚”。堕入“枯禅”者以空寂为目的，念头又往往被“系”在那“几茎香”上，不能放下。心为“物累”，岂能通达“向上之路”？所以，闭关修行，得“闲田地”——了悟佛性禅心，而不可停留在“空”“常”这些文字的表面。

南怀瑾先生的诗含藏着一股豪气，且不失儒雅，无处不暗寓禅机。他在诗集的自序中说：“经盐亭老人袁师焕仙公之启发，于诗亦别有会心。”其自谦“不肯谨严于法”，然以二十余岁的青年言，其诗意诗境诗法，虽老宿亦不相让。当时，南怀瑾先生的修行与见地已高出众人，袁焕仙老先生门下诸位长老尚且不如，何况他人。

南怀瑾先生闭关三年，为何只在峨眉山住了两年呢？这就得从《通禅与王恩洋》一文谈起。南怀瑾先生到峨眉山闭关，当初没几人知道。1944 年 5 月，王恩洋居士“因武大讲学之便”游峨眉山，在大坪寺与南怀瑾先生相遇，两人打机锋，说禅话，寄寓深刻，为殊胜之妙品。同年 6 月，峨眉山龙门洞的演观法师把他们俩的谈话记录带到成都印出，即《通禅与王恩洋》，众人为之哗然，才知道南怀瑾先生在峨眉山闭关。消息曝光，何来安宁？对此，南怀瑾先生曾说：佛法世法，什么魔事都不可怕，最可怕最难过的还是“人事魔”。1945 年秋，其突接密报，谓有人意欲加害，故匆忙离开峨眉山，避到五通桥的多宝寺（大坪下院）继续闭关，以圆三年闭关之愿。

在多宝寺闭关静修期间，由于闻讯而来访者日见其多，南怀瑾先生遂移至弟子张怀恕家书楼之上安居。在此，他阅读了全套《永乐大典》《四库备要》等经史典籍，并拟《乙酉岁晚于五通桥张怀恕宅》一诗曰：

去国九秋外，钱塘潮泛悬。
荒村逢伏腊，倚枕听归船。
戍鼓惊残梦，星河仍旧年。
人间复岁晚，明日是春先。

直到 1946 年，南先生闭关三年期满，出关后远走西康、西藏，参访密宗各宗各派。南先生拟写《归雁》，以表其出关之志，诗曰：

转身冰雪清凉界，万水千山自在飞。
浅渡危矶斜照远，芦花明月任高栖。

注释：

①胡松年：《南师口述：当年峨眉发愿，普贤菩萨为证之事》，《实修驿站》，2008 年 8 月。在太湖大学堂开课时，南怀瑾先生口述，弟子胡松年根据录音整理。
②南怀瑾：《定慧初修》第七章“观音法门略讲”复旦大学出版社，2016 年。
③南怀瑾：《习禅录影·第一天》，中国世界语出版社，1975 年。

周聪：《峨眉山志》编辑部副主任编辑，峨眉山楹联协会副会长，峨眉学研究员。